¡Gratitud!

Descubre el Poder de una Vida Plena

Elvis Diaz

Por:
Elvis Díaz
Copyright © Noviembre, 2024

CONNECTIONS MINISTRIES LLC

EDITOR:
Dr. Fernando Castro.

Todos los derechos reservados.
ISBN: **9798345237571**

¡Lo dedicado a mis amados padres!

Máximo Antonio y Lidia Alexandra Diaz. A través de los tiempos de escasez, me enseñaron a vivir con gratitud y a valorar profundamente lo que teníamos, incluso cuando era poco. Su sabiduría me mostró que la riqueza verdadera no está en lo material, sino en la actitud de agratitud por cada bendición, sin importar el tamaño. Gracias a ellos aprendí que el agradecimiento transforma cualquier circunstancia y que siempre hay algo por lo que dar gracias.

¡Gracias!

A todos aquellos que han sido mi constante inspiración, y a las adversidades que, disfrazadas de desafíos, me mostraron el camino hacia lo grandioso. A mi mayor tesoro, mi familia: Stephanie, cuya espera inagotable me recuerda el poder de la paciencia; Emy, Evy, y Elvis Jr., quienes cada día me revelan nuevas facetas de mi ser y llenan mi vida de alegría, y me dan lo mas poderosos motivos para seguir avanzando. Ustedes, con su amor y luz, llenan de melodía mis días.

CONTENIDO

Introducción — 12
Capítulo UNO:
   Gratitud: Más que un sentimiento, una actitud — 14
Capítulo DOS:
   Elige la gratitud — 32
Capítulo TRES:
   Piensa bien, vive mejor: la fuerza de tu actitud — 44
Capítulo CUATRO:
   La fórmula de la gratitud — 58
Capítulo CINCO:
   Cinco pasos para desarrollar una actitud de gratitud — 70
Capítulo SEIS:
   El mayor obstáculo para la gratitud — 88
Capítulo SIETE:
   Más que palabra — 104
¡Gratitud!
   Descubre el Poder de una Vida Plena — 120

INTRODUCCIÓN

La gratitud es mucho más que una simple respuesta emocional o un acto de cortesía ocasional. La gratitud es una actitud que, cuando se elige de forma deliberada, puede transformar la manera en que enfrentamos los desafíos, las relaciones y las bendiciones que ya tenemos.

En la vida moderna, donde el estrés, las exigencias y las expectativas a menudo nos abruman, la gratitud se alza como una poderosa herramienta transformadora que puede alterar no solo nuestra perspectiva, sino también nuestra experiencia diaria. Este libro explora el concepto de gratitud no como una respuesta automática a los buenos momentos, sino como una elección consciente que nos ayuda a enfrentar la vida con mayor resiliencia, alegría y propósito.

A lo largo de estas páginas, se aborda la gratitud desde diversas perspectivas, integrando tanto elementos teológicos como estudios contemporáneos de psicología positiva. El objetivo es guiar al lector en un viaje profundo hacia una transformación interna que influya en su bienestar emocional, sus relaciones interpersonales y su capacidad para manejar las dificultades de la vida. La gratitud no se trata simplemente de ver el lado positivo, sino de desarrollar una actitud que reconfigure nuestra forma de interpretar el mundo.

Al explorar este libro, tendrás la oportunidad de identificar una serie de pasos prácticos que ayudan a cultivar y fortalecer la gratitud, comenzando con el reconocimiento de las bendiciones diarias hasta la capacidad de transformar desafíos en oportunidades. A través de ejemplos bíblicos, como la vida del rey David y su expresión de gratitud en el Salmo 23, y casos contemporáneos que resaltan el poder de una actitud positiva, este libro invita al lector a hacer de la gratitud un estilo de vida que lo conduzca hacia una paz interior duradera y un mayor sentido de satisfacción.

Cada capítulo no solo ofrece reflexiones sobre la importancia de la gratitud, sino también ejercicios prácticos, herramientas y preguntas que te ayudarán a aplicar estos conceptos en tu vida diaria. Por lo tanto, al embarcarte en este recorrido, descubrirás que la gratitud no es solo un sentimiento pasajero, sino una fuente inagotable de fortaleza, esperanza y propósito. Espero que este libro te inspire a integrar la gratitud en cada aspecto de tu vida, encontrando en ella el poder para cambiar no solo tu interior, sino también el mundo que te rodea.

Capítulo Uno

GRATITUD
Más Que Un Sentimiento, Una Actitud

> La gratitud va más allá de ser una simple emoción pasajera; es una actitud que se adopta y se vive diariamente. La gratitud puede convertirse en una elección consciente que transforma nuestra manera de percibir las experiencias diarias. Cuando se adopta una actitud de gratitud, no solo mejora nuestro bienestar emocional, sino que también nos prepara para afrontar la vida con una mayor resiliencia y optimismo.

La gratitud es más que un simple acto de cortesía; es una fuerza poderosa que puede transformar la manera en que vivimos y experimentamos el mundo. En un mundo donde las circunstancias externas a menudo parecen dictar nuestro estado emocional, la capacidad de adoptar una actitud de gratitud se erige como un principio fundamental para una vida plena y significativa. Al explorar la gratitud de manera profunda, podras notar que la misma es mucho mas que un sentimiento pasajero, es una elección consciente que tiene el poder de cambiar tanto nuestro mundo interior como el entorno que nos rodea.

A través de reflexiones prácticas, nos adentramos en cómo la gratitud, cultivada como una actitud constante, puede redefinir nuestras experiencias, fortalecer nuestras relaciones y darnos un propósito renovado en la vida. Aquí, aprenderemos que dar gracias no es solo una respuesta a lo bueno, sino un camino hacia la verdadera libertad y paz interior.

Más allá

La gratitud, más allá de ser simplemente un sentimiento de agradecimiento, se erige como un principio fundamental en la construcción de una vida significativa y satisfactoria. Según investigaciones en psicología positiva, como las realizadas por Emmons y McCullough, y Tantomo y Suparman, "la gratitud es una fuerza poderosa que no solo mejora nuestro bienestar emocional, sino que también tiene un impacto significativo en nuestras relaciones, en nuestra salud física y mental, y en nuestra capacidad para enfrentar las adversidades. La gratitud no es solo una respuesta emocional pasajera, sino una disposición continua que puede ser cultivada y desarrollada con el tiempo".[1] Por lo tanto, al adoptar una perspectiva de gratitud, no solo modificamos nuestra manera de procesar las experiencias diarias, enfocándonos en lo positivo y constructivo, sino que también fortalecemos nuestros recursos psicológicos y sociales, lo que nos permite enfrentar mejor los desafíos de la vida.

La afirmación de Meister Eckhart, "Si la única oración que pronuncias en toda tu vida es 'gracias', será suficiente",[2] encapsula el poder transformador de la gratitud. Este principio se convierte en un eje central al comprender cómo la gratitud, similar a las actitudes implícitas y explícitas, se manifiesta en dos niveles: como una

> "La gratitud es más que un simple sentimiento, es una actitud continua que tiene el poder de transformar la manera en que experimentamos el mundo. No se trata solo de sentir gratitud en momentos aislados, sino de cultivarla como una disposición constante en nuestras vidas."

---

[1] antomo, Estherina Yaneta, y Meiske Yunithree Suparman. "The Role of Gratitude on Well-Being Among College Students Who Are Working Undergraduate Thesis." *Proceedings of the International Conference on Economics, Business, Social, and Humanities (ICEBSH 2021)*, Advances in Social Science, Education and Humanities Research, vol. 570, Atlantis Press, 2021, pp. 1047-1052.

[2] Eckhart, Maestro. *El fruto de la nada y otros escritos*. Translated by Amador Vega Esquerra. Barcelona: Kairós, 2011.

respuesta consciente y deliberada ante las experiencias de la vida, y como una influencia subyacente que moldea nuestro comportamiento de manera sutil y menos evidente.

El Efecto Bidireccional

Las investigaciones han demostrado que la gratitud tiene un efecto bidireccional: no solo fortalece el bienestar del individuo que la practica, sino que también mejora el bienestar de quienes lo rodean. Este efecto se produce porque la gratitud fomenta comportamientos prosociales, como la empatía, la generosidad y la cooperación, creando un ambiente de reciprocidad y apoyo mutuo.[3] En un sentido más amplio, la gratitud puede transformar comunidades y organizaciones, fomentando una cultura de reconocimiento y aprecio que eleva la moral y el sentido de pertenencia entre sus miembros.

Además, la gratitud posee una dimensión profunda que trasciende lo personal, influyendo en la manera en que nos relacionamos con lo trascendente o espiritual. Muchas tradiciones religiosas y filosóficas colocan la gratitud en el centro de sus enseñanzas, viéndola como un camino hacia la paz interior y la conexión con algo mayor que uno mismo. En este sentido, la gratitud se convierte en un puente que une lo secular con lo espiritual, permitiendo a las personas encontrar propósito y significado en sus vidas, incluso en medio de desafíos.

Comparar la gratitud con las actitudes implícitas y explícitas en la psicología añade una capa adicional de comprensión. Las actitudes implícitas, que operan de manera subconsciente, pueden compararse con una gratitud que fluye naturalmente desde el interior, moldeada por nuestras experiencias previas y creencias profundas.[4] Por otro lado, las actitudes explícitas, que son conscientes y deliberadas, se asemejan a una gratitud cultivada intencionalmente, donde decidimos enfocar nuestra mente en el reconocimiento y el aprecio, incluso en situaciones donde podría no ser nuestra respuesta inicial.

---

[3] Wood, Alex M., Jeffrey J. Froh, and Adam W. Geraghty. "Gratitude and Well-Being: A Review and Theoretical Integration." *Clinical Psychology Review* 30, no. 7 (2010): 890-905.

[4] Sharma, Gaurav, y Taruna Gera. "Gratitude and Mental Health: A Review." *Journal of Positive Psychology* 12, no. 4 (2022): 300-304.

Al profundizar en este análisis, se revela que la gratitud no se trata solo de un sentimiento que surge al recibir un favor o un gesto amable. Es, en esencia, una práctica, una forma de vivir que puede ser entrenada y fortalecida. Al igual que un músculo, cuanto más ejercitamos la gratitud, más natural se vuelve en nuestras vidas diarias, y más profundas son sus repercusiones en nuestra felicidad y satisfacción general.

Por lo tanto, la gratitud, cuando se convierte en una actitud permanente, tiene el poder de transformar nuestras vidas. Actúa como un catalizador que no solo mejora nuestra perspectiva personal, sino que también enriquece nuestras interacciones sociales, fortalece nuestras comunidades y nos conecta con un sentido más amplio de propósito. En este sentido, la gratitud no es solo una respuesta a lo bueno en la vida, sino una fuente de poder para crear y creer, tanto en nuestras vidas como en el mundo que nos rodea.

La gratitud es, en esencia, una práctica, una forma de vivir que puede ser entrenada y fortalecida.

Una manifestación que revela lo

La actitud, concebida como una manifestación externa de nuestros sentimientos internos, nos invita a una exploración más profunda de su origen y su papel en la conducta humana. Derivada del latín "actitudo", la actitud encapsula no solo la naturaleza interna de nuestros estados de ánimo y emociones, sino también su proyección hacia el exterior.[5] Esta dualidad refleja la complejidad de la experiencia humana, donde lo que sentimos en lo más profundo de nuestro ser se convierte en expresión visible y, en consecuencia, influye en nuestro entorno.

Más allá de ser un simple estado de ánimo o una disposición interna, la actitud se revela como una fuerza dinámica que traduce lo subjetivo en observable. A través de nuestra conducta, gestos, palabras y decisiones, nuestras actitudes toman forma, haciendo que nuestros estados internos no solo sean reconocidos por nosotros mismos, sino también percibidos, interpretados y experimentados por los demás.

Esta capacidad de la actitud para transformarse en expresión tiene un impacto significativo en el entorno que nos rodea. La manera en que sentimos y cómo proyectamos esos sentimientos puede afectar profundamente las dinámicas sociales, las relaciones interpersonales y la atmósfera general en la que nos movemos. Una actitud, ya sea positiva o negativa, al ser expresada, inicia un ciclo de retroalimentación donde la proyección de un estado emocional influye en quienes nos rodean, quienes a su vez la perciben, la interpretan y, a menudo, la replican o responden de alguna manera.

Este proceso cíclico, marcado por la interacción continua entre expresión y percepción, amplifica la influencia de la actitud. Al igual que un virus, puede propagarse rápidamente de una persona a otra, creando una onda expansiva de reacciones y respuestas emocionales que puede afectar a un grupo más amplio, una comunidad e incluso a la sociedad en

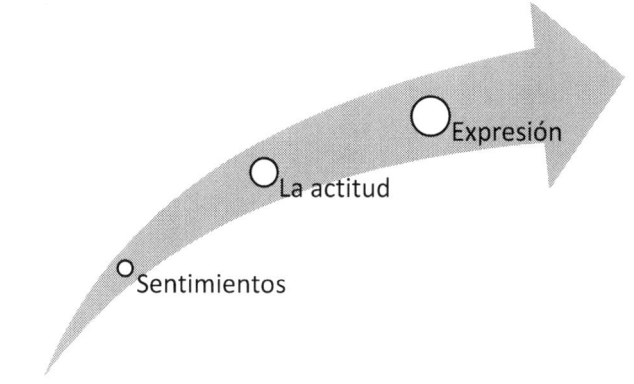

---

[5] Stevens, Daniel R. *"The Historical Evolution of the Concept of Attitude: From Latin to Modern Psychology."* Journal of Language Studies 45, no. 3 (2010): 123-140.

su conjunto. En este sentido, la actitud se convierte en un vehículo poderoso para el cambio, tanto social como personal, con la capacidad de transformar el clima emocional de un entorno a través de su naturaleza contagiosa.

Por lo tanto, entender y manejar nuestras actitudes no es solo un acto de autorreflexión, sino una responsabilidad social. Cada actitud que proyectamos tiene el potencial de crear un efecto dominó, donde nuestras expresiones individuales impactan a otros y, a su vez, retroalimentan el ambiente en el que todos existimos. Esta comprensión nos lleva a valorar la actitud no solo como una simple reacción interna, sino como una herramienta poderosa que puede moldear y redefinir las interacciones humanas y el entorno social en su totalidad.

John Maxwell, al afirmar que "la actitud es un sentimiento interior expresado en la conducta",[6] subraya esta dinámica interactiva entre el mundo interno del individuo y su manifestación externa. Esta perspectiva nos lleva a considerar la actitud no solo como un reflejo de nuestro estado emocional interno, sino también como una elección consciente o inconsciente de cómo decidimos presentarnos ante el mundo. La actitud, en este sentido, actúa tanto

> Adoptar una actitud de gratitud impacta positivamente en nuestra salud física y emocional, fortaleciendo nuestras relaciones y dándonos una mayor capacidad para enfrentar las adversidades. Al enfocarnos en lo positivo, desarrollamos resiliencia y bienestar.

---

[6] John C. Maxwell, *Actitud de Vencedor* (Nashville, TN: Grupo Nelson, 2008), p. 12.

como un espejo de nuestro ser interno, reflejando nuestros sentimientos y pensamientos, como una ventana a través de la cual los demás pueden vislumbrar nuestras emociones y estados más profundos.

Entender la actitud desde esta visión ampliada implica reconocer su capacidad para moldear y ser moldeada por nuestras interacciones y experiencias. No es simplemente una respuesta automática a nuestras circunstancias, sino un elemento dinámico que influye en cómo enfrentamos la vida y cómo nos perciben los demás. Se convierte en un factor clave para el desarrollo personal y profesional, ya que una actitud positiva y constructiva puede abrir puertas, fortalecer relaciones y mejorar significativamente nuestro bienestar general.

Esta visión también nos desafía a ser conscientes de cómo nuestras actitudes impactan a los demás. Al comprender que nuestras actitudes tienen el poder de influir en el entorno, nos enfrentamos a la responsabilidad de transformarlas en agentes de cambio positivo y constructivo. Así, el "virus" de la actitud, que se propaga de persona a persona, puede convertirse en una fuerza benéfica que promueve un ambiente de crecimiento, apoyo mutuo y bienestar colectivo.

La actitud no solo es una manifestación de nuestro mundo interior, sino también una herramienta poderosa para influir y mejorar el mundo exterior. Al cultivar actitudes positivas, elegimos conscientemente contribuir a un entorno más saludable y armonioso, reflejando lo mejor de nuestro ser interior y proyectándolo hacia los demás.

La actitud es nuestra disposición frente a la vida

Recuerdo aquel día en la clase de Psicopatología Familiar, un grupo de más de cuarenta estudiantes y yo nos vimos sumergidos en una discusión provocada por una pregunta de nuestro maestro, cuyo tono desafiante rozaba lo arrogante: "¿Cuál es la diferencia entre un día nublado y otro soleado?" La complejidad oculta tras esta interrogante parecía escaparse de nuestro entendimiento inicial. Sin embargo, desde un rincón del salón, se elevó una respuesta que, a primera vista, parecía simplificar excesivamente el dilema planteado: "La lluvia, maestro." La seguridad con la que el estudiante expresó esta aparente obviedad dejaba entrever una subestimación de la profundidad de la pregunta.

No obstante, el maestro desestimó con rapidez esa respuesta aparentemente superficial, marcando su desacuerdo con una nota de reprensión. Tras una pausa reflexiva, proporcionó una perspectiva más profunda: "La verdadera diferencia yace en nuestra elección de cómo reaccionar. Para algunos, la luminosidad de un día soleado se traduce en alegría y vitalidad, impulsándolos a afrontar sus tareas diarias con mayor diligencia y eficacia. En contraste, la oscuridad de un día lluvioso puede sumirlos en el desánimo. Sin embargo, existe un grupo de personas que decide mantener una constancia emocional, independientemente de las condiciones climáticas".

La reflexión ofrecida por el maestro destilaba sabiduría, subrayando que nuestra actitud es esencialmente la postura que adoptamos ante los diversos escenarios que la vida nos presenta, sean estos adversos o propicios. Nuestra reacción, ya sea positiva o negativa, está invariablemente determinada por una decisión personal. Es por esta razón que el apóstol Pablo, plenamente consciente de este hecho, exhorta a los tesalonicenses a "dar gracias en todo, porque esta es la voluntad de Dios para vosotros en Cristo Jesús" (1 Tesalonicenses 5:18), subrayando la trascendencia de adoptar una perspectiva agradecida frente a la existencia.

> La gratitud no depende de las circunstancias externas, sino de nuestra capacidad de encontrar valor en lo que ya tenemos. Este enfoque nos ayuda a evitar caer en el ciclo de insatisfacción que a menudo proviene del deseo constante de tener más.

Este episodio didáctico no solo arroja luz sobre la importancia de la actitud como mediadora de nuestra experiencia de vida, sino que también invita a una introspección sobre la manera en que nuestras elecciones y percepciones individuales pueden alterar significativamente nuestra realidad cotidiana. La actitud, por lo tanto, emerge no solo como un reflejo de nuestra disposición interna sino también como un poderoso agente de cambio en nuestra interacción con el mundo exterior.

Elección de la actitud

La historia de Pablo y Silas en la prisión de Filipos, relatada en Hechos 16:16-40, es un pasaje bíblico que destaca tanto por su dramatismo como por las lecciones espirituales y psicológicas que contiene. Este relato no es solo un simple registro de sufrimiento seguido de un milagro; es una profunda exploración de cómo la actitud frente a las adversidades puede no solo transformar al individuo, sino también impactar de manera significativa a quienes lo rodean y al entorno en general.

Pablo y Silas, comprometidos con la misión de difundir el mensaje del evangelio, llegan a Filipos, una ciudad de importancia en Macedonia. Su fervor por compartir sus creencias los lleva a un enfrentamiento directo con las normas sociales y económicas de la ciudad. Al desafiar estas normas, terminan siendo arrestados, acusados falsamente, y sometidos a un juicio que carece de las garantías más básicas de justicia. Son brutalmente golpeados y, como si eso no fuera suficiente, son encarcelados y sus pies son asegurados en cepos. Este castigo no solo tenía la intención de infligirles dolor, sino también de humillarlos, dejándolos en una posición de total vulnerabilidad.

A pesar de esta situación extrema, la reacción de Pablo y Silas es sorprendente y poderosa. En lugar de ceder al desaliento, al miedo o a la desesperación, deciden orar y cantar himnos a Dios en medio de la noche. Esta elección no es solo un acto de devoción religiosa, sino una declaración contundente sobre la autonomía del espíritu humano. Frente a circunstancias terribles, ellos eligen mantener una actitud de gratitud y adoración, demostrando que la libertad interior no puede ser encadenada por las circunstancias externas.

La decisión de Pablo y Silas de alabar a Dios en medio de su sufrimiento tiene un significado profundo. Esta actitud no es un mero optimismo superficial, sino una expresión de una fe profunda y madura que reconoce la fugacidad de las aflicciones terrenales en comparación con la eternidad y la soberanía de Dios. Al cantar y orar, Pablo y Silas están demostrando una confianza absoluta en que, a pesar de las apariencias, Dios está en control y tiene un propósito en cada situación, por más adversa que sea.

El impacto de esta actitud no se limita a ellos dos. Los otros prisioneros, que probablemente se encontraban sumidos en la desesperación, escuchaban atentamente. Este acto de fe y resistencia interior no solo fortalece a Pablo y Silas, sino que también ofrece consuelo y esperanza a aquellos que los rodean. La prisión, un lugar de oscuridad y desánimo, se convierte en un escenario donde la fe se expresa con una luz que no puede ser apagada por las circunstancias.

Entonces, ocurre un evento milagroso: un terremoto sacude los cimientos de la prisión, las puertas se abren y las cadenas se sueltan, pero ninguno de los prisioneros huye. Este suceso no solo es un milagro físico, sino también un símbolo poderoso de la liberación espiritual que la fe puede traer. El carcelero, al ver lo sucedido, entra en crisis. Su mundo, construido sobre el control y la seguridad física, se

> Practicar la gratitud tiene efectos bidireccionales, mejorando no solo nuestra vida, sino también la de las personas a nuestro alrededor. La gratitud fomenta comportamientos prosociales, como la generosidad y la empatía, creando un ambiente de reciprocidad.

desmorona, llevándolo a un punto de desesperación que rápidamente se convierte en una apertura para la transformación. Al ver la actitud y la fe de Pablo y Silas, el carcelero pregunta qué debe hacer para ser salvo, lo que culmina en su conversión y la de toda su familia.

Este episodio resalta una verdad esencial: la actitud de una persona, especialmente cuando está fundamentada en la fe y la gratitud, puede tener repercusiones profundas y duraderas, no solo en su propia vida, sino también en la vida de aquellos que la rodean. La historia de Pablo y Silas nos muestra que, incluso en las circunstancias más adversas, la elección de mantener una actitud de fe, gratitud y esperanza no solo fortalece al individuo, sino que también puede desencadenar cambios significativos en el entorno, transformando la desesperación en esperanza y el sufrimiento en testimonio de la gracia divina.

Tenemos la libertad de elegir nuestra respuesta

La narrativa de Pablo y Silas en la prisión de Filipos es mucho más que una historia de supervivencia y milagro; es una enseñanza poderosa sobre la capacidad de la actitud para influir en nuestra realidad y en la realidad de los demás. Al elegir responder a las dificultades con gratitud y fe, no solo encontramos la fortaleza para resistir, sino que también nos convertimos en agentes de cambio, capaces de transformar nuestro entorno y de inspirar a otros a encontrar esperanza y propósito en medio de sus propias pruebas.

La historia de Pablo y Silas nos muestra que la actitud es una poderosa herramienta que va más allá de ser simplemente una perspectiva; es una elección activa y consciente. Al enfrentarse a la adversidad, cada uno de nosotros tiene la libertad de decidir cómo responder. En el caso de Pablo y Silas, ellos optaron por una actitud de gratitud y alabanza, una decisión que desafió el desespero y afirmó la soberanía y presencia de Dios en sus vidas, incluso en un momento de extrema oscuridad.

El relato de Hechos 16:16-40 no solo proporciona un ejemplo inspirador, sino que también ofrece un fundamento bíblico sólido para entender la actitud como una elección deliberada frente a las circunstancias. Esta elección no es un simple ajuste mental, sino un compromiso profundo que requiere acción y práctica diaria. Cultivar una actitud de gratitud y alabanza en medio de las dificultades es un acto de fe que tiene el poder de transformarnos interiormente y, al mismo tiempo, influir positivamente en nuestro entorno.

Para desarrollar esta actitud, es vital comenzar cada día con una consciencia intencional de las bendiciones que hemos recibido. Dedicar tiempo a la gratitud, ya sea a través de la oración, la meditación o el simple acto de escribir en un diario, nos ayuda a enfocar nuestra mente en lo positivo, reconociendo continuamente la bondad y el cuidado de Dios en nuestras vidas. Este enfoque no solo fortalece nuestra fe, sino que también nos prepara para enfrentar los desafíos con una perspectiva renovada.

La práctica continua de la alabanza es igualmente crucial. Integrar la alabanza en nuestras rutinas diarias, a través de la música, el canto o expresiones verbales de adoración, mantiene nuestro corazón centrado en la grandeza de Dios. Esta constante conexión con lo divino nutre nuestra fe y nos da la fuerza para enfrentar los momentos difíciles con una confianza inquebrantable.

Además, es fundamental mantener una conciencia activa de la presencia de Dios en cada aspecto de nuestra vida. La oración continua, la lectura de las Escrituras y la meditación en Su Palabra son prácticas que nos permiten reconocer Su obra en nosotros y a través de nosotros. Al compartir nuestras experiencias de

> Optar por la alabanza y la gratitud en tiempos difíciles no solo nos permite sobrellevar las pruebas de la vida, sino que también transforma estas experiencias en momentos de enseñanza y bendición para nosotros y para los demás.

gratitud y alabanza con otros, no solo reforzamos nuestra propia fe, sino que también inspiramos a quienes nos rodean, creando una comunidad cimentada en la fe compartida y fortalecida por las manifestaciones de la gracia divina.

Frente a la adversidad, seguir el ejemplo de Pablo y Silas nos enseña que nuestras elecciones en términos de actitud pueden convertir los retos en oportunidades para un crecimiento espiritual significativo. Optar por la alabanza y la gratitud en tiempos difíciles no solo nos permite sobrellevar las pruebas de la vida, sino que también transforma estas experiencias en momentos de enseñanza y bendición para nosotros y para los demás.

Así, al integrar estas prácticas de manera consciente y deliberada en nuestras vidas, no solo cultivamos una actitud que nos nutre espiritualmente, sino que también irradiamos luz y esperanza a nuestro alrededor. De esta manera, demostramos el poder transformador de la gratitud y la alabanza en nuestra relación con Dios y con quienes nos rodean. Al mismo tiempo mostramos que nuestra fe puede convertir cualquier circunstancia en un testimonio de la bondad divina.

Una elección radical

Adoptar una actitud de gratitud y alabanza es mucho más que una simple reacción; es una elección radical que tiene el poder de cambiar nuestra vida en su totalidad. En un mundo lleno de incertidumbres y desafíos, optar por la gratitud es un acto de valentía espiritual. Esta elección no solo transforma nuestro estado interno, sino que nos posiciona como faros de luz en medio de la oscuridad, influyendo en nuestro entorno de maneras profundas e inesperadas.

Cuando decidimos enfrentar las adversidades con una actitud de gratitud, estamos declarando que nuestras circunstancias no dictarán nuestra paz ni nuestra alegría. Esta decisión es un testimonio vivo de la fe en que Dios está presente y activo, incluso en los momentos más difíciles. La gratitud, en este sentido, se convierte en una herramienta poderosa para trascender las limitaciones impuestas por las situaciones externas, permitiéndonos vivir con un sentido de propósito y dirección que no puede ser fácilmente sacudido.

El impacto de esta actitud no se queda en el ámbito personal. Como Pablo y Silas en la prisión de Filipos, nuestra decisión de alabar y dar gracias puede liberar no solo nuestras propias almas, sino también las de aquellos que nos observan. Nuestras vidas se convierten en un testimonio que desafía las expectativas del mundo, demostrando que el verdadero poder no reside en las circunstancias, sino en cómo elegimos responder a ellas.

Así, la gratitud y la alabanza no son meras respuestas emocionales; son armas espirituales que tienen el poder de cambiar la realidad misma. Al ejercer esta elección, no solo nos fortalecemos a nosotros mismos, sino que también sembramos semillas de cambio en nuestro entorno, creando un efecto dominó que puede transformar comunidades enteras. Vivir con una actitud de gratitud es, por lo tanto, una forma de vida que no solo nos bendice a nosotros, sino que también extiende la gracia de Dios a todo lo que tocamos. Esta es la verdadera fuerza de la gratitud: su capacidad para reconfigurar el mundo, comenzando desde el interior y expandiéndose hacia el exterior.

> Vivir con gratitud nos ayuda a ver lo positivo en medio de las dificultades y a reconocer las bendiciones que ya forman parte de nuestra vida, llevándonos a una existencia más plena y satisfactoria.

PARA LA REFLEXIÓN Y APLICACIÓN

¿Cómo define este capítulo la gratitud, y en qué se diferencia de un simple sentimiento pasajero de agradecimiento?

¿De qué manera la gratitud puede influir en nuestra salud emocional y mental, según los conceptos presentados?

¿Cómo se relacionan la gratitud y las actitudes implícitas y explícitas en nuestra vida diaria?

¿Qué impacto puede tener una actitud de gratitud en las relaciones interpersonales y en la comunidad en general?

Después de leer sobre la experiencia de Pablo y Silas, ¿cómo crees que podrías aplicar una actitud de gratitud y alabanza en tus propios desafíos diarios?

Test de Evaluación
"GRATITUD Y ACTITUD"

Selecciona el número que mejor represente tu respuesta para cada pregunta, del 1 (menos frecuente o comprometido) al 5 (más frecuente o comprometido).

Pregunta	1	2	3	4	5
1. ¿Con qué frecuencia expresas gratitud por las cosas grandes o pequeñas en tu vida diaria?	1	2	3	4	5
2. Cuando enfrentas un imprevisto, ¿sueles buscar algo positivo en la situación?	1	2	3	4	5
3. ¿Con qué frecuencia expresas gratitud hacia las personas cercanas a ti (familia, amigos y colegas)?	1	2	3	4	5
4. ¿Consideras que tu actitud tiene un impacto en tus relaciones con los demás?	1	2	3	4	5
5. ¿Cómo te sientes cuando enfrentas un "día nublado" (literal o figurativamente)?	1	2	3	4	5
6. ¿Mantienes una actitud positiva sin importar las circunstancias?	1	2	3	4	5
7. En los últimos meses, ¿cómo crees que tu actitud ha afectado tu salud física y mental?	1	2	3	4	5
8. ¿Cuán regularmente practicas la gratitud en tu rutina diaria?	1	2	3	4	5
9. ¿En qué medida crees que tu actitud afecta tu entorno?	1	2	3	4	5
10. Después de leer este capítulo, ¿cuán comprometido estás a fortalecer tu actitud de gratitud?	1	2	3	4	5
Total					

Interpretación de los resultados:

40-50 puntos: Tienes una actitud de gratitud muy sólida y consistente. Continúa cultivándola, ya que impacta positivamente en tu vida y en la de quienes te rodean.

30-39 puntos: Tienes una actitud generalmente positiva, pero hay áreas en las que podrías fortalecer tu gratitud para obtener un mayor bienestar.

20-29 puntos: Tu actitud de gratitud es intermitente. Considera enfocarte más en desarrollar prácticas que te ayuden a mantener una perspectiva positiva.

10-19 puntos: La gratitud no está muy presente en tu vida diaria. Trabajar en este aspecto puede traer mejoras significativas en tu bienestar y relaciones.

0-9 puntos: Es posible que la gratitud sea un área desafiante para ti. Reflexiona sobre cómo podrías incorporar más gratitud en tu vida y comienza con pequeños pasos.

Capítulo Dos

PIENSA BIEN, VIVE MEJOR
La Fuerza De Tu Actitud

> Tu actitud frente a la vida no es producto de las circunstancias, sino de los pensamientos que decides cultivar. Al enfocar tu mente en lo positivo, transformas tus creencias, y con ellas, tus acciones. Elegir conscientemente una actitud constructiva no solo mejora tu bienestar personal, sino que también te permite afrontar los retos con una fortaleza renovada, redefiniendo tu presente y forjando un futuro mejor.

Nuestros pensamientos tienen un impacto directo en cómo interpretamos y respondemos a la vida. La mente, como el origen de nuestras actitudes, juega un papel central en la forma en que enfrentamos los retos, las relaciones y las oportunidades. En este capítulo, comenzaremos a entender que, cuando permitimos que nuestros pensamientos se alineen con una visión positiva y constructiva, nuestras actitudes cambian de manera natural, guiándonos a la toma de mejores decisiones y la obtención resultados. Lo que sucede en el entorno no determina nuestras emociones ni nuestras acciones; es nuestra interpretación interna de esos eventos lo que decide el curso de nuestra actitud.

Pensamientos y acciones

El día nublado no te obliga a pasar un día triste, lleno de fracasos y frustraciones. Todo se origina en tu mente, y te lleva a tomar de manera consciente o inconsciente, la decisión de ver en tu día oportunidades o derrotas. En el Sermón del Monte, Jesús dijo a sus seguidores que cualquiera que mirara a una mujer y la codiciara en su mente ya había pecado (Mateo 5:28). Con esta afirmación dejó en claro que las acciones se ejecutan primero en nuestras mentes, y se convierten en actitudes, las que dan paso a los hábitos.

Elmer Towns, decano del Seminario Teológico de la Universidad de Liberty, nos presenta en su libro *Hábitos del Corazón* una clara definición del proceso que da paso a las actitudes habituales en los individuos. Towns afirma que existe una relación entre aquello que creemos, la forma en cómo vivimos y las acciones que tomamos.[7] El término "creyentes" empleado en Hechos 5:14 refleja no solo una identificación religiosa, sino un profundo cambio en la vida y el comportamiento de los primeros cristianos. Ser un creyente en este contexto no era una simple aceptación intelectual de ciertas doctrinas, sino una transformación radical que abarcaba todas las dimensiones de la vida. Estos primeros cristianos no solo escuchaban el mensaje de Jesús, sino que permitían que este penetrara en sus corazones, moldeando sus pensamientos, actitudes y comportamientos. Esta exposición al mensaje de Cristo no se limitaba a un entendimiento teórico; más bien, tenía un impacto directo en la manera en que vivían, guiando sus decisiones diarias y afectando sus relaciones interpersonales y su entorno.

> Tus pensamientos son el origen de tus actitudes. Lo que eliges pensar determina cómo percibes y reaccionas frente a las situaciones diarias.

---

[7] Emer Towns, *Hábitos del corazón* (Virginia: Gozo-e publicaciones, 2012), pp. 10-30.

El caso del apóstol Pablo es un ejemplo vívido de este proceso transformador. Pablo, quien anteriormente perseguía a los cristianos con fervor, se encontró con Cristo y, tras ese encuentro, su vida dio un giro completo. La verdad que había aprendido cambió sus pensamientos y, como resultado, cambió su vida entera. Sus acciones, anteriormente motivadas por la creencia de que estaba cumpliendo la voluntad de Dios al perseguir a los cristianos, ahora estaban alineadas con su nuevo entendimiento de la fe en Cristo. Este cambio radical de pensamiento no solo afectó su comportamiento inmediato, sino que también lo llevó a redefinir su misión de vida, pasando de ser un perseguidor a un predicador del evangelio.

Este patrón de transformación es consistente con el principio bíblico de que la verdadera fe se manifiesta en obras. Santiago 2:26 deja claro que la fe sin obras es una fe incompleta o "muerta". En otras palabras, la creencia auténtica se refleja inevitablemente en el comportamiento y las acciones del creyente. El término griego *"ergon"*, traducido como "obras", implica un sentido de deber y responsabilidad. No es simplemente una opción adicional para el creyente, sino un imperativo que regula la conducta de aquellos que verdaderamente creen.[8]

La fe cristiana, entonces, no es solo una cuestión de confesión verbal o de creencias intelectuales, sino de un compromiso activo que transforma la vida diaria. Esto convierte a la fe en una fuerza dinámica que no solo transforma al individuo, sino también a la comunidad en la que este se encuentra.

La vida de los primeros cristianos demuestra que la exposición al mensaje de Cristo inevitablemente generaba una respuesta tangible en forma de acciones que revelaban un cambio de corazón y mente. Esto implica que la fe en Cristo no es estática ni pasiva, sino que es viva y activa, influyendo en cada aspecto del ser humano.

La transformación interna que estos creyentes experimentaban se reflejaba en una vida caracterizada por la obediencia, el amor, la misericordia, y un firme compromiso con los principios del evangelio. La conversión y el discipulado de los primeros cristianos no fue un simple cambio superficial, sino una reorientación completa de sus vidas. Su fe

---

[8]William D. Mounce, *Palabras Griegas del Nuevo Testamento* (Spanish Edition), (Grand Rapids, MI: Zondervan, 2003), 81.

los impulsaba a vivir de acuerdo con lo que creían, y este cambio interno era visible para todos a través de sus acciones diarias.

> **Elige tu actitud**

Cuando cambias tu manera de pensar, transformas automáticamente tus creencias, expectativas y actitudes, lo cual refleja un impacto directo en tus acciones y, con el tiempo, en tu carácter. La psicología cognitiva estudia profundamente esta conexión entre pensamiento, creencias y comportamiento, por esto, Jennice Vilhauer, en su artículo en *Psychology Today*, destaca que nuestras interpretaciones de los eventos moldean la realidad que percibimos. Explica que las creencias funcionan como filtros cognitivos, seleccionando información que refuerza lo que ya creemos, lo que a su vez fortalece nuestras percepciones y expectativas.[9]

Este ciclo comienza en la mente: los pensamientos repetidos se convierten en creencias que determinan cómo interactuamos con el mundo. Las creencias negativas generan actitudes limitantes que afectan nuestras decisiones y acciones cotidianas. Por el contrario, al adoptar creencias y pensamientos positivos, nuestras expectativas y actitudes se alinean

> La actitud que tomas ante las circunstancias es una elección consciente. Incluso en medio de las dificultades, puedes optar por una actitud que te permita crecer y avanzar.

---

[9] Vilhauer, Jennice. "How Your Thinking Creates Your Reality." *Psychology Today*, September 27, 2020. https://www.psychologytoday.com/us/blog/living-forward/202009/how-your-thinking-creates-your-reality.

de manera proactiva, permitiéndonos actuar de forma más eficaz ante los retos.

Las actitudes positivas nos habilitan para enfrentar la realidad con un enfoque proactivo, adaptativo y constructivo. Al adoptar una mentalidad positiva, no solo mejoramos nuestra capacidad de lidiar con los desafíos cotidianos, sino que también fomentamos el desarrollo de relaciones más saludables y creamos oportunidades para el crecimiento personal y profesional. La elección de pensamientos que fortalezcan nuestras creencias y actitudes es un proceso consciente que, como afirma el psicólogo y sobreviviente del Holocausto, Víctor Frankl, nos otorga el poder de decidir cómo responder a las circunstancias externas.[10]

Frankl, en su obra *El hombre en busca de sentido*, enfatiza que, incluso cuando se enfrentan situaciones extremas e incontrolables, la última de las libertades humanas reside en nuestra capacidad de elegir la actitud con la que enfrentamos esas circunstancias.[11] Este principio es crucial para comprender que, aunque no podamos cambiar lo que sucede a nuestro alrededor, tenemos pleno control sobre nuestra respuesta emocional y actitudinal ante ello. Al optar por una actitud positiva, activamos una serie de comportamientos y emociones que nos ayudan a adaptarnos mejor y a extraer lo positivo de cada experiencia.

El apóstol Pablo, en Filipenses 4:8, nos exhorta a elegir todo lo que es "bueno y justo", es decir, a enfocarnos en pensamientos y creencias que eleven nuestro sentido de bienestar y justicia. Pablo también nos invita a desarrollar una actitud de gratitud en todas las circunstancias (1 Tesalonicenses 5:18). Esta actitud no es meramente una respuesta pasiva, sino una acción deliberada que transforma nuestra percepción del entorno y nos permite ver oportunidades en medio de la adversidad.

Las actitudes negativas, por otro lado, bloquean nuestra capacidad de interactuar con el entorno de manera efectiva. Nos sumergen en una espiral de insatisfacción y frustración que no solo limita nuestras relaciones interpersonales, sino que también impide nuestro crecimiento emocional. La negatividad actúa como una barrera mental, afectando cómo interpretamos los eventos y disminuyendo nuestra resiliencia ante los obstáculos.

---

[10] Frankl, Viktor E. *El hombre en busca de sentido*. Barcelona: Herder, p. 2015. 64.
[11] Ibid, p. 156.

La neurociencia ha demostrado que la plasticidad cerebral permite cambiar patrones de pensamiento negativos cuando nos enfocamos conscientemente en lo positivo. Es decir, al elegir deliberadamente pensamientos que promuevan creencias positivas, podemos reprogramar nuestro cerebro para adoptar actitudes más saludables.[12] Este proceso requiere práctica y conciencia, pero los resultados son profundos: una mayor satisfacción personal, mejores relaciones y una actitud resiliente que nos prepara para enfrentar los desafíos con éxito.

Por lo tanto, la clave está en reconocer nuestra responsabilidad sobre nuestra actitud. Tal como lo expresa Frankl, aunque no controlemos lo que sucede a nuestro alrededor, siempre podemos decidir cómo percibimos y respondemos a esos eventos. Esto implica hacer un esfuerzo consciente por enfocarnos en lo positivo, en lo justo, y en mantener una actitud de gratitud, incluso en medio de las dificultades. Al hacerlo, no solo mejoramos nuestro bienestar personal, sino que también creamos un entorno más saludable y armonioso para los demás.

> Una actitud de gratitud transforma tu perspectiva. Al elegir agradecer en todo momento, incluso en las pruebas, cambiarás tu manera de ver la vida y fortalecerás tu resiliencia.

Responsabilidad personal

Es común que las personas busquen excusas externas para justificar sus

---

[12] Davidson, Richard J., and Sharon Begley. *The Emotional Life of Your Brain: How Its Unique Patterns Affect the Way You Think, Feel, and Live--and How You Can Change Them*. New York: Penguin Group, 2012. Pp. 167 – 169.

reacciones y comportamientos, ya que admitir la propia responsabilidad en las emociones y decisiones puede ser difícil o incómodo. Este fenómeno de culpar a otros o a las circunstancias externas permite evitar la introspección y el esfuerzo necesario para cambiar. Sin embargo, aunque no podemos controlar lo que sucede a nuestro alrededor o las emociones que surgen como resultado, tenemos la capacidad de decidir cómo reaccionamos frente a estas situaciones.

La verdadera responsabilidad recae en la elección de nuestras reacciones. Las excusas, como culpar a un examen difícil o a una infancia problemática, pueden parecer razonables en el momento, pero son simplemente mecanismos de defensa que nos impiden tomar control de nuestra vida y nuestras actitudes. Esto tiene un impacto directo en la calidad de nuestras relaciones y nuestro bienestar emocional, ya que transferir la culpa perpetúa un ciclo de insatisfacción y frustración.

Tomar control sobre cómo reaccionamos es un acto de empoderamiento personal. Nuestras emociones no deben gobernar nuestras acciones; por el contrario, al cultivar una actitud consciente de responsabilidad, podemos cambiar la narrativa de víctima a actor principal en nuestras vidas. Este cambio de perspectiva nos permite afrontar las circunstancias de una manera más equilibrada y efectiva, favoreciendo no solo nuestro crecimiento personal, sino también el de nuestras relaciones interpersonales.

Así, la verdadera transformación comienza cuando aceptamos que, aunque no podamos controlar todo lo que nos ocurre, siempre podemos elegir nuestra actitud y nuestra respuesta ante cualquier evento, lo que genera un impacto positivo y duradero en nuestra vida y en las personas que nos rodean.

Según una antigua leyenda árabe, un joven vagaba por el desierto cuando llegó a un arroyo de agua cristalina. El agua le pareció tan deliciosa que decidió llenar su cantimplora de cuero hasta rebosar, con la intención de llevársela a un anciano de su tribu, quien había sido su maestro. Tras una jornada de cuatro días, ofreció el agua al anciano, quien bebió con gusto, sonrió con amabilidad y agradeció a su antiguo estudiante por tan excelente agua.

El joven regresó a su casa con el corazón lleno de alegría. Poco después, el anciano le ofreció la misma agua a otro de sus estudiantes, quien la escupió, diciendo que sabía horrible. Al parecer, el agua se había puesto rancia después de haber estado en la cantimplora durante los cuatro días de viaje. El estudiante preguntó al anciano:

—Maestro, el agua sabía terrible. ¿Por qué fingiste que te gustaba?

El anciano respondió:

—Tú solo probaste el agua, pero yo saboreé el regalo. El agua fue el medio para un acto de bondad.

Esta historia nos enseña que podemos elegir saborear el gesto detrás de un acto, en lugar de centrarnos en la amargura de las imperfecciones. La verdadera gratitud radica en apreciar la intención más que las condiciones del momento.

Un ejercicio de perspectiva

Esta narración revela una lección profunda sobre la gratitud y la forma en que elegimos interpretar las experiencias que vivimos. Cuando el maestro decide apreciar el "regalo" en lugar de la calidad del agua, nos está mostrando que nuestra percepción del valor no depende exclusivamente de las circunstancias, sino de cómo las interpretamos y qué significado les asignamos. Esta lección conecta directamente con el mandato de San Pablo a los cristianos de Tesalónica: "Dad gracias en todo" (1 Tesalonicenses 5:18). Pablo no sugiere dar gracias solo cuando las cosas marchan bien, sino en todo, incluso en momentos difíciles, porque la gratitud es un ejercicio de perspectiva.

> Las actitudes positivas no solo te ayudan a enfrentar mejor los desafíos, sino que también influyen en tus relaciones y te preparan para aprovechar las oportunidades con éxito.

La enseñanza de esta narración va más allá de las palabras, ya que ilustra una actitud que permite ver el valor en lo que parece ser insignificante o imperfecto. En este contexto, la gratitud no es una respuesta automática ante lo agradable, sino una decisión consciente de encontrar significado en todas las experiencias, tanto en las favorables como en las adversas. Es el acto de reconocer que incluso las dificultades pueden tener un propósito o un valor oculto, si las miramos desde una perspectiva agradecida.

Víctor Frankl, al reflexionar sobre su tiempo en los campos de concentración nazis, llega a una conclusión similar: las circunstancias externas, por duras que sean, no pueden definir por completo nuestra experiencia interna.[13] Frankl habla de "la responsabilidad de elegir vivir", subrayando que incluso en los momentos más oscuros, tenemos la capacidad de decidir cómo reaccionar. Para él, esa decisión significaba encontrar sentido en el sufrimiento, lo que lo llevó a ver cada pequeño gesto o recurso, sin importar si era un trozo de pan rancio, como algo valioso y digno de aprecio.

El enfoque de Frankl y el del maestro en la historia nos llevan a comprender que la gratitud es más que una emoción; es una forma de vida que nos permite sobrevivir y prosperar incluso en las peores circunstancias. La gratitud transforma lo ordinario en algo extraordinario al reencuadrar la forma en que experimentamos el mundo. Elegir ser agradecidos no implica ignorar el dolor o la dificultad, sino reconocer que dentro de esos momentos también puede haber algo de valor, algo que nos fortalezca o nos enseñe.

En esencia, tanto la historia del agua y el maestro como las enseñanzas de Frankl destacan la importancia de cómo elegimos ver las cosas. El maestro eligió ver el regalo, no el agua rancia; Frankl eligió ver el significado en medio del sufrimiento. Ambos nos invitan a desarrollar una actitud de gratitud que no dependa de las circunstancias externas, sino que surja de una profunda elección interna de ver lo bueno, aun cuando esté oculto detrás de la adversidad.

---

[13] Ibid, p. 158 -162.

PARA LA REFLEXIÓN Y APLICACIÓN

1. ¿De qué manera tus pensamientos más frecuentes han moldeado tu actitud frente a los desafíos recientes?

2. ¿Has notado cómo tus creencias sobre ti mismo impactan en la forma en que actúas o te relacionas con los demás?

3. En situaciones difíciles, ¿qué clase de pensamientos elijes conscientemente, y cómo estos influyen en tu comportamiento?

4. ¿Cuáles son algunas actitudes negativas que podrías estar justificando externamente, pero que en realidad nacen de tus propias creencias limitantes?

5. ¿Cómo podrías aplicar el principio de "elegir tu actitud" en una situación que actualmente te causa frustración o estrés?

Test de Evaluación
Actitud y Pensamientos

Selecciona el número que mejor represente tu respuesta para cada pregunta, del 1 (menos frecuente o comprometido) al 5 (más frecuente o comprometido).

Pregunta	1	2	3	4	5
1. ¿Con qué frecuencia te enfocas en lo positivo cuando enfrentas un desafío?	1	2	3	4	5
2. Cuando las cosas no salen como planeaste, ¿logras mantener la calma y buscar soluciones?	1	2	3	4	5
3. ¿Con qué frecuencia te sientes tranquilo y equilibrado a pesar de pensamientos estresantes?	1	2	3	4	5
4. ¿Tus creencias tienen un impacto positivo en tu actitud diaria?	1	2	3	4	5
5. ¿Con qué frecuencia eliges conscientemente tu actitud frente a una situación complicada?	1	2	3	4	5
6. ¿Qué tan fácil te resulta cambiar tu enfoque hacia lo positivo en situaciones difíciles?	1	2	3	4	5
7. ¿Tus pensamientos predominantes influyen en tus decisiones diarias?	1	2	3	4	5
8. ¿Trabajas activamente en cambiar patrones de pensamiento negativos?	1	2	3	4	5
9. ¿Practicas técnicas como meditación o gratitud para mantener una actitud positiva?	1	2	3	4	5
10. ¿Te sientes capaz de controlar tus pensamientos y mejorar tu actitud?	1	2	3	4	5
Suma los puntos de todas tus respuestas					

Puntaje Total	Interpretación
40-50 puntos	Tienes una actitud excelente. Controlas bien tus pensamientos y actitudes, lo cual se refleja positivamente en tu vida diaria y tus relaciones.
30-39 puntos	Tu actitud es buena, aunque puedes beneficiarte de trabajar más en el manejo consciente de tus pensamientos en momentos desafiantes.
20-29 puntos	Tu actitud es variable. Puedes mejorar el manejo de tus pensamientos, especialmente en situaciones difíciles. Desarrollar mayor consciencia sería clave.
10-19 puntos	Tu actitud tiende a ser negativa. Los pensamientos limitantes pueden estar afectando tu bienestar. Considera incorporar prácticas positivas en tu día a día.
0-9 puntos	Tu actitud es muy limitante. Es importante reflexionar sobre tus patrones de pensamiento y buscar maneras de mejorar tu enfoque y perspectiva para alcanzar mayor bienestar.

Capítulo Tres

ELIGE LA GRATITUD

La brújula para navegar las complejidades de la vida

> Los resultados en la vida no dependen únicamente de las habilidades o circunstancias, sino de cómo eliges enfrentar cada situación. Cuando actúas con gratitud y enfoque positivo, transformas tu entorno y relaciones, potenciando la resiliencia y el éxito. Este capítulo subraya que nuestras elecciones internas determinan nuestra experiencia externa, ofreciendo una perspectiva renovada y un camino hacia una vida más plena y equilibrada.

E l impacto de las actitudes en la vida humana no se limita a influencias momentáneas o superficiales; más bien, las actitudes actúan como la brújula interna que define cómo navegamos las complejidades de la vida. A lo largo de la historia y en diversas disciplinas, se ha debatido la importancia de la perspectiva mental para moldear nuestro bienestar, éxito y relaciones. No es una coincidencia que muchas tradiciones religiosas y filosóficas, incluyendo el cristianismo, insistan en la necesidad de un pensamiento positivo y una actitud de gratitud. Estas posturas mentales no solo nos ayudan a enfrentar los desafíos diarios, sino que también determinan nuestra capacidad para percibir y aprovechar oportunidades.

En este capítulo, abordaremos de manera detallada cómo las actitudes negativas, si no se manejan adecuadamente, pueden erosionar no solo nuestra confianza, sino también sabotear nuestros esfuerzos y relaciones. Es importante recordar que, como seres humanos, estamos constantemente inmersos en un proceso de interpretación de la realidad, y esta interpretación depende en gran medida del filtro emocional y mental con el que observamos nuestro entorno. Al centrarnos en los efectos dañinos de las actitudes negativas, no solo subrayamos su impacto en el desempeño personal y profesional, sino que también nos preparamos para explorar cómo podemos revertir estos efectos mediante una práctica constante de gratitud y pensamiento positivo.

El enfoque hacia la gratitud no es simplemente una respuesta superficial para lidiar con el malestar. Es, en realidad, un antídoto profundamente transformador que, como veremos, tiene fundamentos tanto en la tradición teológica como en la ciencia moderna. Diversos estudios en psicología positiva y neurociencia han demostrado que el acto consciente de agradecer tiene efectos mensurables en la salud mental y física.[14] Así, a lo largo del capítulo, no solo exploraremos los peligros de una mentalidad negativa, sino que descubriremos cómo la gratitud y el pensamiento positivo pueden redefinir nuestras vidas.

> La gratitud no es solo un sentimiento pasajero, es una actitud que transforma tu forma de ver la vida y te permite enfrentar las adversidades con optimismo.

El impacto de las malas actitudes

Las actitudes negativas representan un obstáculo significativo para el desarrollo personal y el éxito profesional, al afectar directamente tanto

---

[14] Hendriks, Thom, Elizabeth Schotanus-Dijkstra, Jeroen L. Gelauff, et al. "The Efficacy of Multi-Component Positive Psychology Interventions: A Systematic Review and Meta-Analysis of Randomized Controlled Trials." *Nature: Translational Psychiatry* 10, no. 290 (2020): 1-17.

nuestras capacidades emocionales como cognitivas. Como describe Elmer Towns en *Hábitos del corazón*, estas actitudes limitan nuestra confianza personal, desviando nuestro enfoque hacia resultados contraproducentes. Esta falta de confianza genera un círculo vicioso, donde el temor al fracaso o al rechazo reduce la disposición a asumir riesgos necesarios para el éxito. Además, cuando nuestras acciones se dirigen en la dirección equivocada, nuestros esfuerzos resultan ineficaces, provocando frustración y agotamiento.[15]

Otro aspecto crucial es cómo las actitudes negativas disminuyen la resistencia y el compromiso. Según estudios en el campo de la psicología, una actitud pesimista afecta directamente la resiliencia emocional, es decir, la capacidad para sobreponerse a las adversidades. Cuando no se cree en el éxito, se abandona más fácilmente ante los desafíos, lo que repercute directamente en la capacidad para perseverar a largo plazo. Asimismo, esta falta de compromiso sabotea los esfuerzos de planificación, haciendo que las metas a largo plazo se perciban como inalcanzables o poco realistas.

Por último, las actitudes negativas también nos aíslan de las relaciones sociales. La energía negativa transmitida afecta nuestras interacciones, dificultando la construcción de redes de apoyo y colaboración. El apoyo social es clave para el crecimiento personal y profesional, ya que fomenta el intercambio de ideas y nos brinda la motivación necesaria para persistir en nuestros objetivos. Sin este apoyo, el camino hacia el éxito se vuelve más solitario y difícil de recorrer.

La gratitud: El antídoto contra las actitudes negativas

La gratitud, más que una emoción pasajera, es una decisión consciente que transforma nuestra manera de interpretar la vida. Cada día nos enfrentamos a una elección: agradecer lo que tenemos o lamentar lo que nos falta. Este ejercicio, tal como demuestran numerosos estudios de psicología positiva, tiene un impacto profundo en nuestro bienestar emocional y físico. Al optar por la gratitud, no solo promovemos la felicidad, sino que también desarrollamos una mayor resiliencia ante las adversidades.

---

[15] Elmer Towns, p. 36.

¡Gratitud!

Albert Barnes, teólogo del siglo XVIII, subraya la idea de que siempre hay motivos para ser agradecidos, incluso en las circunstancias más oscuras.[16] Esta observación es crucial porque nos recuerda que la gratitud no depende únicamente de las experiencias positivas, sino de nuestra capacidad para ver valor incluso en los momentos difíciles. Al adoptar esta perspectiva, convertimos lo que podría habernos debilitado en una oportunidad para crecer y fortalecernos.

Desde un punto de vista práctico, la gratitud transforma nuestra percepción y redefine nuestras respuestas emocionales. Cuando elegimos ser agradecidos, promovemos una mentalidad que busca lo positivo en cada situación, lo que nos lleva a sentirnos más satisfechos y a mejorar nuestras relaciones interpersonales. Además, nos ayuda a combatir emociones negativas como el resentimiento y la envidia, proporcionando una base sólida para nuestro bienestar emocional.

Este enfoque de la gratitud no solo está respaldado por ideas filosóficas o teológicas, sino también por investigaciones contemporáneas en neurociencia. Estudios han demostrado que practicar la gratitud de manera regular puede alterar las estructuras cerebrales, estimulando la liberación de dopamina y serotonina, neurotransmisores asociados con la felicidad. Así, el simple acto de

> Las actitudes negativas erosionan no solo tu confianza, sino también tu capacidad de ver oportunidades, saboteando tu bienestar y relaciones.

---

[16] Albert Barnes, *Notas sobre el Nuevo Testamento: 1 Tesalonicenses hasta Filemón* (Londres: Blackie & Son, 1884–1885), p. 59.

agradecer no es solo un ejercicio espiritual, sino una fuente tangible de bienestar y alegría, como lo expresó Barnes, incluso en medio de la adversidad.

Una poderosa ilustración de este principio se encuentra en la historia del maestro y el discípulo. El maestro sumerge al discípulo en el río, no para causarle daño, sino para enseñarle el valor de algo tan simple como el aire. En ese momento de desesperación, cuando el discípulo lucha por respirar, comprende el inmenso valor de lo que antes daba por sentado. Al salir del agua, jadeante, el maestro le dice: "Disfruta cada segundo del aire que respiras", recordándole que incluso lo más básico es digno de gratitud.

Esta lección subraya una verdad profunda: a menudo nos enfocamos en lo que nos falta, persiguiendo metas y acumulando bienes, pero la verdadera felicidad se encuentra en apreciar lo que ya tenemos. Así como el discípulo aprende a valorar el aire tras haber estado privado de él, también nosotros podemos aprender a reconocer las bendiciones cotidianas que solemos ignorar.

En última instancia, la gratitud no es solo una emoción fugaz; es una práctica que nos invita a estar presentes y a valorar cada momento de nuestras vidas. Al elegir ser agradecidos, transformamos nuestra visión del mundo y adoptamos una actitud de aprecio en lugar de una de carencia, lo que nos permite encontrar la felicidad y satisfacción en cada día.

El ejemplo de David y el Salmo 23

David es una de las figuras más destacadas del Antiguo Testamento, no solo por su liderazgo como rey de Israel, sino también por su ejemplo de gratitud y confianza en Dios a lo largo de su vida. Su vida, tal como se narra en las Escrituras, estuvo llena de momentos de extrema adversidad, pero fue su actitud de gratitud la que transformó su percepción de las pruebas, permitiéndole vivir en paz y esperanza.

En el contexto histórico y cultural del Antiguo Testamento, la vida de un pastor de obejas como David simbolizaba la dependencia total del cuidado divino. Esto es clave para comprender cómo David veía su relación con Dios. En el Salmo 23, David expresa de manera poética su confianza absoluta en Jehová, representándolo como su Pastor, un símbolo de provisión, guía y protección. En un tiempo en que las comunidades agrícolas y pastorales dependían de la naturaleza y de Dios para su sustento, esta metáfora resonaba profundamente.

La gratitud de David se hace evidente cuando, en medio de la persecución y la necesidad, no pide una liberación inmediata de sus problemas, sino que reconoce la presencia constante de Dios a su lado: "Jehová es mi pastor; nada me faltará" (Salmo 23:1). En lugar de centrarse en lo que le falta, David se enfoca en lo que tiene: la compañía y el cuidado inquebrantable de Dios.

Desde el punto de vista de las costumbres del Antiguo Testamento, esta actitud de agradecimiento es fundamental. En una cultura donde los pactos entre Dios e Israel implicaban una respuesta de fidelidad y agradecimiento por las bendiciones divinas, David modela cómo la gratitud no es simplemente una respuesta a la abundancia, sino también una respuesta a la confianza en la soberanía de Dios en medio de la escasez y la dificultad. Al declarar "Aunque ande en valle de sombra de muerte, no temeré mal alguno, porque tú estarás conmigo" (Salmo 23:4), David redefine lo que significa vivir en gratitud, incluso en las situaciones más oscuras.

La vida de David, perseguido por Saúl y enfrentando a enemigos en múltiples frentes, es un testimonio de cómo la gratitud puede cambiar la percepción humana. En lugar de ver sus circunstancias como una serie de

> Adoptar una actitud de gratitud y pensamiento positivo es una decisión consciente que tiene el poder de cambiar tu percepción del mundo y tus experiencias diarias.

eventos trágicos, David ve cada situación como una oportunidad para confiar más profundamente en Dios. Esta es una lección poderosa para la vida moderna: la gratitud transforma la percepción, alejando al ser humano de la queja y llevándolo hacia una actitud de alabanza y esperanza.

El ejemplo de David en el Salmo 23 muestra que la gratitud es una práctica transformadora que no depende de las circunstancias externas, sino de una decisión interna de confiar en Dios. Al adoptar esta actitud de gratitud, el ser humano es capaz de cambiar su percepción de la vida, encontrando paz y propósito incluso en los momentos más oscuros. Este principio, profundamente arraigado en la historia y costumbres del Antiguo Testamento, sigue siendo relevante para la vida espiritual hoy en día.

La necesidad humana de expresar gratitud

La necesidad humana de expresar gratitud es un tema fundamental que trasciende las culturas y las eras, reflejando una necesidad psicológica y espiritual profunda. La gratitud, más que una simple emoción o gesto, actúa como un puente entre las personas, fortaleciendo las relaciones y promoviendo un sentido de bienestar y cohesión social. Claude Stainer, psicólogo, menciona que las "caricias emocionales" son tan esenciales para el ser humano como el alimento o el descanso.[17] Esto refleja la naturaleza interdependiente de los seres humanos, quienes no solo requieren afecto para sobrevivir, sino también para prosperar emocional y socialmente.

La expresión de gratitud no solo genera una profunda sensación de gozo hacia Dios en un contexto espiritual, sino también honra y reconocimiento hacia los demás. Este reconocimiento es crucial porque fortalece nuestras conexiones y valida las emociones y contribuciones de los demás. En el contexto bíblico, esta idea también resuena profundamente, pues la gratitud es vista como una expresión no solo hacia el Creador, sino también hacia los semejantes, promoviendo una vida de comunidad y apoyo mutuo. En el Antiguo Testamento, los

---

[17] Valeria Sabater, "Según el psicólogo Claude Steiner, sin caricias y mimos podríamos morir," *La Mente es Maravillosa*, última actualización: 09 noviembre 2021, https://lamenteesmaravillosa.com/sin-caricias-y-mimos-podriamos-morir/.

sacrificios de acción de gracias y las ofrendas eran formas de expresar gratitud tanto a Dios como a la comunidad.

Por otro lado, la ausencia de gratitud o afecto positivo puede llevar a consecuencias emocionales negativas. William Faulkner señala en su obra "Requiem for a Nun" ("Réquiem por una monja"), que el ser humano, enfrentado entre el dolor y la nada, preferiría el dolor, ya que la necesidad de sentir es innata en el ser humano.[18] Esta idea resalta una verdad psicológica profunda: si las personas no reciben afecto, reconocimiento o gratitud, recurren a emociones negativas, como el dolor, para llenar ese vacío emocional. La necesidad de emociones se asemeja a la sed en el desierto; cuando no hay agua limpia disponible, incluso beberíamos agua sucia, porque la urgencia de saciar la sed supera la importancia de la limpieza del agua. Del mismo modo, en ausencia de gratitud y afecto, las personas buscan emociones destructivas para satisfacer su necesidad de sentir.

Esta dinámica de la gratitud y las emociones negativas subraya la importancia de una vida llena de gratitud y reconocimiento mutuo. Es en este contexto donde la práctica diaria de la gratitud, tanto hacia Dios como hacia los demás, cobra un valor transformador en la vida del ser humano.

> La gratitud promueve la resiliencia emocional, ayudándote a superar los desafíos con mayor fortaleza y a encontrar valor incluso en los momentos más difíciles.

---

[18] William Faulkner, *Requiem for a Nun* (New York: Random House, 1951), 80.

Piensa de manera positiva

El llamado del apóstol Pablo en Filipenses 4:8 no es simplemente una exhortación a pensar en lo positivo, sino un enfoque profundo que transforma la vida desde el pensamiento hasta la acción. El uso del término griego "λογίζεσθαι" (*logizesthai*), que significa "considerar profundamente", implica un cambio intencionado de perspectiva, donde se nos invita a meditar de manera consciente en lo que es verdadero, honesto, justo, puro y digno de alabanza. [19]

Este enfoque no se limita a una técnica de autoayuda o pensamiento superficial; es una práctica espiritual que busca moldear la mente y el corazón hacia una actitud que refleja los valores del reino de Dios. Al dirigir nuestra atención a estos aspectos positivos, no solo cultivamos gratitud, sino que también fomentamos una transformación interior que se manifiesta en nuestra conducta y relaciones.

En el contexto de la cultura judía y los escritos del Antiguo Testamento, esta idea de meditar en lo positivo se encuentra reflejada en la literatura sapiencial y poética, especialmente en los Salmos. David, por ejemplo, en medio de circunstancias difíciles, constantemente invita a recordar las bondades y la fidelidad de Dios, lo que demuestra que este tipo de enfoque no solo es teórico, sino una práctica que permite afrontar la vida con una confianza renovada en medio de las pruebas.

Además, desde una perspectiva psicológica contemporánea, estudios en el campo de la psicología positiva avalan los beneficios de este tipo de pensamiento. Cuando nos entrenamos para centrarnos en lo positivo, desarrollamos una mayor resiliencia emocional, lo que nos permite enfrentar las adversidades de una manera más efectiva, aumentando nuestro bienestar general.[20]

La exhortación de Pablo no solo tiene implicaciones espirituales, sino que también ofrece un camino hacia una vida plena, donde nuestros pensamientos dirigen nuestras acciones hacia lo que enriquece nuestra alma y fortalece nuestras relaciones con los demás.

---

[19] James Strong, *Nueva concordancia Strong exhaustiva: Diccionario* (Nashville, TN: Caribe, 2002), 51.
[20] Allen, Joshua George, John Romate, and Eslavath Rajkumar. "Mindfulness-Based Positive Psychology Interventions: A Systematic Review." BMC Psychology 9, no. 116 (2021): 1-18.

Para cerrar este análisis, es crucial subrayar que las actitudes no son meramente reacciones automáticas a nuestro entorno, sino decisiones conscientes que moldean nuestra experiencia diaria. La práctica continua de la gratitud y el enfoque en lo positivo no es simplemente una herramienta para la mejora personal; es una elección que transforma cada aspecto de nuestra vida. A lo largo del capítulo, hemos explorado cómo las actitudes negativas pueden desgastar nuestra confianza, desviar nuestros esfuerzos y sabotear nuestras relaciones, pero también hemos visto cómo el cambio hacia una mentalidad de gratitud y pensamiento positivo puede revertir estos efectos.

David, a través de sus Salmos, nos ofrece un ejemplo vivo de cómo enfrentar la adversidad con gratitud. Su vida, llena de desafíos y dificultades, fue transformada por su capacidad de reconocer la presencia de Dios en cada situación. Este principio sigue siendo válido hoy: al optar por centrarnos en lo que es verdadero, justo y digno de alabanza, no solo nos protegemos contra las trampas de la negatividad, sino que también construimos una base sólida para la paz interior y el éxito.

En última instancia, lo que queda claro es que la gratitud y el pensamiento positivo no son meramente respuestas emocionales a las circunstancias, sino prácticas intencionales que pueden

El enfoque en lo positivo, como enseñan diversas tradiciones filosóficas y religiosas, no solo mejora tu bienestar personal, sino que también fortalece tus conexiones con los demás y te brinda paz interior.

transformar nuestra percepción, nuestra salud mental y nuestras relaciones. Al adoptar estos principios, no solo encontramos satisfacción personal, sino que también creamos un ambiente en el que podemos prosperar junto con los demás.

PARA LA REFLEXIÓN Y APLICACIÓN

1. ¿En qué áreas de tu vida te has dado cuenta de que te enfocas en lo que te falta en lugar de agradecer lo que tienes?

2. ¿Cómo ha influido la gratitud en tu bienestar emocional y mental en situaciones recientes de dificultad?

3. ¿Qué impacto ha tenido la gratitud en tus relaciones personales, especialmente cuando las cosas no salen como esperabas?

4. ¿Puedes identificar un momento reciente donde podrías haber respondido con gratitud, pero en su lugar elegiste una actitud negativa?

5. ¿Cómo puedes implementar el principio de gratitud de manera más activa y consciente en tu vida diaria?

Test de Evaluación
Gratitud y Resiliencia

Selecciona el número que mejor represente tu respuesta para cada pregunta, del 1 (menos frecuente o comprometido) al 5 (más frecuente o comprometido). Al finalizar, suma los puntos de todas tus respuestas para calcular tu puntaje total.

Pregunta	1	2	3	4	5
1. ¿Con qué frecuencia agradeces conscientemente por lo que tienes, incluso en momentos difíciles?	1	2	3	4	5
2. Cuando enfrentas una situación adversa, ¿cómo sueles responder?	1	2	3	4	5
3. ¿Qué tan seguido expresas gratitud a las personas que te rodean?	1	2	3	4	5
4. ¿Sientes que la gratitud afecta tu bienestar emocional y físico?	1	2	3	4	5
5. Cuando te enfrentas a un reto, ¿cómo eliges interpretar la situación?	1	2	3	4	5
6. ¿Qué tan a menudo reflexionas sobre lo que tienes, en lugar de lo que te falta?	1	2	3	4	5
7. ¿En qué medida consideras que la gratitud fortalece tus relaciones personales?	1	2	3	4	5
8. ¿Con qué frecuencia practicas actividades conscientes de gratitud, como llevar un diario de gratitud?	1	2	3	4	5
9. Después de enfrentar un obstáculo, ¿cómo te sientes respecto a tu capacidad de agradecer las lecciones aprendidas?	1	2	3	4	5
10. ¿Crees que la gratitud puede cambiar tu perspectiva ante situaciones difíciles?	1	2	3	4	5

Cálculo de Resultados: Suma los puntos de todas tus respuestas

Interpretación de los Resultados

Puntaje Total	Interpretación
40-50 puntos	**Excelencia en la elección de actitud.** Has desarrollado una fuerte capacidad para elegir conscientemente una actitud de gratitud y resiliencia.
30-39 puntos	**Actitud sólida.** Aunque enfrentas desafíos, logras frecuentemente mantener gratitud y optimismo. Una base sólida para mejorar tu resiliencia.
20-29 puntos	**Actitud inconsistente.** A veces las circunstancias influyen demasiado en tus decisiones. Practicar gratitud más regularmente podría beneficiarte.
10-19 puntos	**Actitud negativa predominante.** Te resulta difícil mantener una perspectiva positiva. Considera trabajar en incorporar prácticas de gratitud para mejorar tu bienestar.
0-9 puntos	**Falta de elección positiva.** Las emociones negativas están dominando tu perspectiva. Reflexiona sobre pequeños cambios para integrar gratitud en tu vida diaria.

Capítulo Cuatro

LA FÓRMULA DE LA GRATITUD
$G = (B+R) \cdot (C+E)$

> **GT** (Gratitud transformadora), el bienestar que surge al integrar las bendiciones; **BR** (Bendiciones recibidas), lo que la vida nos da; **RC** (Reconocimiento consciente), observar y valorar esas bendiciones; **CA** (Conciencia activa), reflexionar sobre su impacto, y **EG** (Expresión de gratitud), las acciones concretas que transforman el agradecimiento en impacto

La gratitud no es un simple reconocimiento pasivo; es una entrega activa que genera transformación tanto en quien la da como en quien la recibe. Dar gracias implica tomar conciencia de lo que hemos recibido y devolver ese sentimiento en forma de acción. Pablo, en 1 Tesalonicenses 5:18, nos invita a "dar gracias en todo". Este mandato no solo es una invitación a sentir gratitud, sino a convertirla en una fuerza que nos lleva a actuar, cambiando nuestra actitud hacia la vida. Dar gracias activa nuestra mente y espíritu, generando una transformación que nos permite vivir con más paz, alegría y satisfacción.

La naturaleza activa de la Gratitud

Cuando se nos insta a "dar" gracias, el énfasis recae en la acción. No se trata únicamente de reconocer las bendiciones en nuestra vida, sino de actuar con base en ellas. La gratitud es como una semilla que, al nutrirse con actos concretos, florece en formas que pueden beneficiar a quienes nos rodean. Este proceso de dar gracias es intencional, requiere que identifiquemos nuestras bendiciones y las transformemos en algo tangible. Esta acción intencional no solo nos permite cambiar nuestra perspectiva, sino que también genera un impacto positivo en nuestras relaciones, fortaleciendo los lazos que nos unen con los demás.

"Dad Gracias"

En el Nuevo Testamento, la expresión "dad gracias" proviene del verbo griego εὐχαριστέω (*eucharistéō*), que significa literalmente "dar gracias" o "expresar gratitud". La raíz de esta palabra, χάρις (*cháris*), significa "gracia" o "favor no merecido", lo que sugiere que la gratitud, en este contexto, no es solo una respuesta emocional, sino una acción activa de reconocimiento de la gracia recibida, incluso cuando no se ha hecho nada para merecerla.[21] Este concepto va más allá de una simple cortesía o agradecimiento social, vinculando la gratitud directamente con la gracia divina.

La gratitud en el Nuevo Testamento va más allá de un agradecimiento social; está vinculada con la gracia divina. Agradecer implica reconocer la gracia recibida y actuar en consecuencia, reflejando nuestra devoción a Dios.

Contexto sociocultural

En el contexto cultural y religioso del Nuevo Testamento, el verbo "dar" en esta expresión implica algo mucho más profundo que simplemente reconocer las bendiciones. Implica una entrega de agradecimiento, **una respuesta activa a Dios por Su generosidad**. En lugar de una gratitud pasiva o silenciosa, "dar gracias" refleja una postura de reconocimiento público y devoción hacia Dios.

---

[21] James Strong, 36.

En la sociedad del siglo I, la gratitud no solo era una cuestión personal o privada, sino una virtud esencial dentro de la estructura social. El mundo greco-romano valoraba la reciprocidad, es decir, el intercambio de favores, regalos y gratitud como parte de las relaciones interpersonales y sociales. Dar gracias implicaba una obligación moral de devolver un favor, mantener relaciones recíprocas, y crear un lazo de mutua confianza.[22]

Sin embargo, en el contexto del cristianismo, la gratitud adquiría un nuevo matiz espiritual. Pablo y los demás autores del Nuevo Testamento transformaron esta idea al centrarse no en una obligación social, sino en un reconocimiento sincero y espiritual de la gracia de Dios. Al decir "dad gracias en todo" (1 Tesalonicenses 5:18), Pablo instaba a los cristianos a vivir en constante reconocimiento de la bondad de Dios, incluso en tiempos difíciles, destacando que la gratitud no dependía de las circunstancias terrenales, sino de una relación íntima con Dios.

Este concepto de "dar" implica, por tanto, una acción continua y deliberada. No se trata de un agradecimiento momentáneo, sino de un estilo de vida que afecta la manera en que los primeros cristianos interactuaban entre sí y con su entorno.

La fórmula de la gratitud en acción

La gratitud sigue un proceso activo y lógico que transforma las bendiciones en acciones tangibles, generando bienestar en quien la práctica y en quienes lo rodean. Este proceso se puede entender mediante una fórmula simple, donde bendición, conciencia y acción se integran para dar lugar a un ciclo continuo de gratitud y transformación.

PASO 1: Bendición recibida

Toda gratitud surge a partir del reconocimiento de una bendición, que se presenta en distintas formas: desde aspectos fundamentales como

---

[22] Craig S. Keener, *Comentario del contexto cultural de la Biblia: Nuevo Testamento*, trans. Nelda Bedford de Gaydou et al., Octava edición. (El Paso, TX: Editorial Mundo Hispano, 2014), 589.

la salud, el amor y las oportunidades, hasta las lecciones difíciles que nos permiten crecer y madurar. Estas bendiciones son parte de nuestra vida cotidiana, pero, a menudo, pasamos por alto su valor debido a la familiaridad o a la prisa con la que vivimos. Este primer paso de reconocer una bendición no es algo automático ni superficial; requiere una conciencia activa, un detenerse a observar y apreciar lo que ya está presente en nuestras vidas.

Cuando no tomamos el tiempo de reflexionar sobre estas bendiciones, la gratitud no tiene un punto de partida. La gratitud no puede florecer sin una base sólida de reconocimiento consciente. Este proceso de atención nos invita a observar incluso los detalles más pequeños que a veces pasan desapercibidos: el calor del sol, una conversación significativa o el simple hecho de despertar cada día. Al practicar esta atención consciente, nos abrimos a experimentar la gratitud de manera más profunda, y cada bendición se convierte en una oportunidad para nutrir nuestro bienestar emocional y espiritual.

El reconocimiento de las bendiciones nos saca del ciclo del descontento, donde solo percibimos lo que nos falta. En cambio, nos sitúa en un lugar de apreciación y suficiencia. Sin este paso fundamental, no podemos experimentar la transformación que la gratitud trae consigo.

> La expresión "dar gracias" implica una acción consciente. A través de actos concretos, transformamos nuestras bendiciones en algo tangible, fortaleciendo nuestras relaciones y generando un impacto positivo en quienes nos rodean

> **Fórmula:**
>
> Bendición + Reconocimiento = **Oportunidad de Gratitud**
>
> **B + R = OG**

PASO 2: Conciencia activa

Una vez que reconocemos la bendición, el siguiente paso es desarrollar una conciencia activa sobre su valor. Este proceso implica ir más allá del simple reconocimiento y reflexionar profundamente sobre lo que esa bendición significa para nosotros y cómo ha impactado nuestras vidas. No basta con saber que algo positivo ha ocurrido; debemos considerar cómo esa bendición ha contribuido a nuestra felicidad, bienestar o crecimiento personal.

Desarrollar esta conciencia requiere que analicemos las bendiciones en su contexto. Quizás una oportunidad laboral no solo nos proporciona ingresos, sino también estabilidad, crecimiento profesional y conexiones significativas con otras personas. Quizás una relación amorosa no solo nos brinda compañía, sino que nos enseña a ser más pacientes, comprensivos y resilientes. Este tipo de reflexión nos permite apreciar el verdadero valor de las bendiciones y verlas no como algo fortuito o trivial, sino como piezas importantes que enriquecen nuestra existencia.

Al ser conscientes del impacto positivo que tienen nuestras bendiciones, nuestra perspectiva sobre la vida cambia. Nos volvemos más agradecidos, no solo por lo que recibimos, sino también por lo que aprendemos y cómo crecemos a través de esas experiencias. Esta conciencia activa nos ayuda a desarrollar una actitud de gratitud constante, que transforma nuestra manera de ver el mundo y nuestras interacciones con los demás.

> **Fórmula: R + CA = CP**
>
> Reconocimiento + Conciencia Activa = **Cambio de Perspectiva**

PASO 3: Expresión de gratitud

La verdadera transformación ocurre cuando decidimos expresar nuestra gratitud de manera activa. No es suficiente con simplemente pensar en nuestras bendiciones o reflexionar sobre ellas en silencio; necesitamos traducir esa gratitud en acciones concretas. Estas acciones pueden ser tan sencillas como un "gracias" sincero dirigido a una persona que ha tenido un impacto positivo en nuestra vida, una oración de agradecimiento en la que reconocemos lo que hemos recibido, o cualquier gesto que refleje de manera tangible nuestra gratitud.

Cuando actuamos sobre la base de nuestra gratitud, estamos realizando un acto consciente de entrega, que no solo fortalece nuestra propia conexión con la bendición recibida, sino que también impacta a quienes nos rodean. La gratitud expresada tiene un poder multiplicador, porque no solo transforma nuestro estado emocional y mental, sino que también tiene el potencial de generar una cadena de reacciones positivas en los demás. Así, la bendición que originalmente fue recibida en el ámbito personal se convierte en un motor de cambio, afectando nuestro entorno de manera positiva.

El proceso de gratitud sigue una fórmula de bendición, reconocimiento y acción. Este ciclo transforma nuestras bendiciones en oportunidades de gratitud, impactando positivamente nuestras vidas y las de quienes nos rodean.

Fórmula: CA + EG = TPR

Conciencia Activa + Expresión de Gratitud

Transformación personal y relacional

En conjunto, esta fórmula destaca que la gratitud es más que un simple sentimiento: es un proceso activo de recibir, reflexionar y dar. Al practicar esta fórmula en la vida diaria, el ciclo de gratitud fortalece nuestra conexión con los demás y con nuestras propias bendiciones, creando un impacto positivo y duradero en nuestras relaciones y bienestar emocional.

La transformación personal

Adoptar la gratitud como una práctica activa transforma nuestra actitud hacia la vida, permitiéndonos vivir desde una mentalidad de abundancia. Esta mentalidad reconoce que, aunque no todo sea perfecto, siempre hay algo por lo cual estar agradecido. A menudo, nuestras circunstancias externas pueden ser desafiantes, pero cuando decidimos conscientemente enfocarnos en lo que tenemos en lugar de lo que nos falta, nuestra perspectiva cambia radicalmente. Filipenses 4:6-7 nos dice: "No se inquieten por nada; más bien, en toda ocasión, con oración y ruego, presenten sus peticiones a Dios y denle gracias." Este pasaje resalta que la gratitud no es solo una respuesta a lo que deseamos, sino una práctica constante, incluso en medio de la incertidumbre. Cuando damos gracias a Dios, no solo recibimos paz, sino que también nos abrimos a reconocer las bendiciones ya presentes en nuestra vida.

Al cultivar esta mentalidad, comenzamos a vivir con más serenidad y plenitud, lo que nos conecta más profundamente con el presente. En lugar de vivir en un estado constante de carencia o insatisfacción, aprendemos a apreciar lo que tenemos y a vivir con una sensación de suficiencia. Esta forma de ver el mundo no solo nos llena de paz interior, sino que también nos lleva a actuar con más generosidad y empatía hacia los demás, pues dejamos de estar enfocados en lo que creemos que nos falta.

Impacto en los demás

Cuando practicamos la gratitud de manera activa, no solo transformamos nuestra vida, sino también la de quienes nos rodean. Expresar agradecimiento a las personas con las que interactuamos tiene un efecto multiplicador que fortalece nuestras relaciones y crea un ambiente positivo. En Proverbios 17:22 se nos dice: "El corazón alegre es buena medicina, pero el espíritu quebrantado seca los huesos." La gratitud, al ser expresada de forma sincera, tiene un impacto directo en la alegría y bienestar de los demás. Un simple acto de agradecimiento puede elevar el ánimo de una persona, reforzar el vínculo emocional que tenemos con ella, y crear un ciclo de aprecio mutuo.

Este ciclo de gratitud genera un ambiente de reciprocidad y positivismo, tanto en el hogar como en el trabajo, en la iglesia o en cualquier lugar donde interactuamos con otros. La gratitud no solo mejora nuestro estado mental, sino que tiene el poder de crear comunidades más unidas y colaborativas, ya que las personas que se sienten valoradas son más propensas a actuar de la misma manera con los demás. Tal como Colosenses 3:15 nos recuerda: "Y la paz de Cristo gobierne en sus corazones, pues como miembros de un solo cuerpo han sido llamados a la paz. Y sean agradecidos." La gratitud compartida promueve un ambiente de paz y unidad, algo que tiene un impacto profundo tanto a nivel personal como colectivo.

De esta manera, el acto de dar gracias no solo transforma nuestra vida interior, sino que también tiene el potencial de influir positivamente en la vida de los demás, generando un cambio en nuestras relaciones y creando una comunidad más armoniosa y conectada.

> Adoptar la gratitud como práctica activa transforma nuestra actitud hacia la vida. Nos conecta con una mentalidad de abundancia, permitiéndonos vivir con más paz, alegría y propósito, influyendo no solo en nuestro bienestar, sino también en el de nuestra comunidad.

PARA LA REFLEXIÓN Y APLICACIÓN

1. ¿Cómo ha cambiado tu vida desde que comenzaste a practicar la gratitud de manera activa?

2. ¿En qué momentos te resulta más difícil dar gracias?

3. ¿De qué manera la gratitud ha fortalecido tus relaciones con los demás?

4. ¿Cómo puedes integrar la práctica de la gratitud en los momentos de mayor adversidad?

5. ¿Qué pasos puedes tomar para convertir la gratitud en un hábito aún más constante en tu vida diaria?

¡Gratitud!

Test de Evaluación
Gratitud Activa

Selecciona el número que mejor represente tu respuesta para cada pregunta, del 1 (menos frecuente o comprometido) al 5 (más frecuente o comprometido). Al finalizar, suma los puntos de todas tus respuestas para calcular tu puntaje total.

Pregunta	1	2	3	4	5
1. ¿Con qué frecuencia reconoces conscientemente las bendiciones en tu vida, ya sean grandes o pequeñas?	1	2	3	4	5
2. Cuando reflexionas sobre una bendición, ¿sueles considerar su valor e impacto en tu vida?	1	2	3	4	5
3. ¿Qué tan seguido expresas tu gratitud de manera activa a los demás (en persona o por escrito)?	1	2	3	4	5
4. Cuando te enfrentas a desafíos, ¿logras identificar algo por lo cual estar agradecido?	1	2	3	4	5
5. ¿Te tomas el tiempo para agradecer por las pequeñas cosas del día, como una conversación agradable o un momento de tranquilidad?	1	2	3	4	5
6. ¿Cuántas veces a la semana practicas alguna forma de gratitud activa (diario, oración, actos de agradecimiento)?	1	2	3	4	5
7. ¿Consideras que la gratitud ha mejorado tu bienestar emocional y tu forma de enfrentar las dificultades?	1	2	3	4	5
8. Cuando agradeces por algo, ¿sientes que te conectas más profundamente con las personas o con lo divino?	1	2	3	4	5
9. ¿Cómo sueles reaccionar cuando te enfrentas a una situación difícil?	1	2	3	4	5
10. ¿Qué tan a menudo reflexionas sobre las bendiciones, en lugar de enfocarte en lo que te falta?	1	2	3	4	5

Cálculo de Resultados: Suma los puntos de todas tus respuestas

Interpretación de los Resultados

Puntaje Total	Interpretación
40-50 puntos	**Estás viviendo activamente la fórmula de la gratitud.** Reconoces y actúas de manera consciente sobre tus bendiciones, lo cual mejora tu bienestar y tus relaciones.
30-39 puntos	**En el camino.** Estás desarrollando una gratitud activa y consciente, aunque podrías beneficiarte de ser más constante.
20-29 puntos	**Ocasional.** A veces aplicas la gratitud, pero con más práctica podrías experimentar una mayor transformación en tu vida.
10-19 puntos	**Limitado.** Tu enfoque en la gratitud es limitado, lo que puede influir en tu bienestar emocional y tus relaciones. Sería útil practicar la gratitud más regularmente.
0-9 puntos	**Desafiante.** Es posible que estés dejando que los desafíos y emociones negativas predominen. Intenta incorporar gratitud diaria para empezar a ver un cambio positivo.

Capitulo Cinco

CINCO PASOS PARA DESARROLLAR UNA ACTITUD DE GRATITUD

Desarrollar una actitud de gratitud implica mucho más que solo reconocer lo bueno en nuestras vidas; es una práctica intencional y continua que transforma cómo percibimos el mundo. A través de estos cinco pasos, aprenderás a cultivar una mentalidad de agradecimiento que impactará no solo tu bienestar emocional, sino también tus relaciones y tu paz interior. La gratitud, cuando se elige conscientemente cada día, se convierte en una fuente de fortaleza, permitiéndote enfrentar los desafíos con resiliencia y optimismo, mientras encuentras satisfacción en los pequeños detalles de la vida cotidiana.

La gratitud no es simplemente un sentimiento pasajero o una respuesta automática a las circunstancias favorables; es una práctica que, con el tiempo, puede convertirse en una actitud constante y profundamente arraigada hacia la vida. Adoptar una mentalidad enfocada en la gratitud, especialmente en medio de los desafíos y la adversidad, no siempre es fácil. A menudo, nuestras reacciones naturales ante situaciones difíciles pueden inclinarse hacia el desánimo, la frustración o la insatisfacción. Sin embargo, al igual que cualquier otra habilidad importante, la gratitud puede entrenarse y fortalecerse mediante la práctica diaria y consciente.

Este capítulo te guiará a través de cinco pasos prácticos que no solo te ayudarán a cultivar la gratitud, sino también a convertirla en una elección deliberada en tu vida diaria. La gratitud, cuando se practica de manera constante, tiene el poder de transformar tu bienestar emocional, mejorar tus relaciones interpersonales y brindarte una paz interior más profunda. Estos pasos no son complicados, pero requieren intencionalidad y consistencia, pues permiten cambiar la perspectiva con la que enfrentas las experiencias cotidianas, ayudándote a encontrar lo positivo incluso en las circunstancias más difíciles.

El enfoque de este capítulo es darte las herramientas necesarias para que la gratitud deje de ser una respuesta esporádica y se convierta en un estilo de vida. Verás cómo, al integrar estas prácticas en tu rutina diaria, tu visión del mundo cambiará, y con ello, también lo hará tu capacidad para enfrentar los retos con mayor resiliencia y optimismo. La gratitud no solo mejorará tu actitud, sino que también te conectará con un sentido más profundo de propósito y satisfacción.

> La gratitud es una elección diaria y consciente. No surge automáticamente, sino que es un hábito que debe cultivarse intencionalmente para transformar nuestra perspectiva y bienestar.

PASO UNO
Reconoce las bendiciones diarias

El proceso de cultivar una actitud de gratitud comienza con el simple, pero transformador, acto de reconocer las bendiciones diarias. Este primer paso implica tomar conciencia de las cosas, personas y momentos que ya forman parte de tu vida y que, a menudo, pasan desapercibidos. Desde lo más básico como la salud, la comida en la mesa o una conversación significativa con un ser querido, hasta detalles más sutiles como el canto de los pájaros en la mañana o la comodidad de una cama al final del día.

Todo esto contribuye a la abundancia que ya existe en tu vida, aunque no siempre la notes.

Identifica las pequeñas bendiciones

Con frecuencia, tendemos a pensar en la gratitud como algo reservado para los grandes logros o eventos extraordinarios: una promoción en el trabajo, el nacimiento de un hijo o unas vacaciones memorables. Sin embargo, las verdaderas bendiciones también residen en las pequeñas cosas de la vida cotidiana. Un amanecer, una taza de café por la mañana, una sonrisa inesperada o el simple hecho de estar sano son bendiciones que, si no se reconocen, pueden pasar desapercibidas.

Comienza este ejercicio por lo más sencillo: piensa en tres cosas al final de cada día por las cuales sientes gratitud. La clave está en prestar atención a los detalles que enriquecen tu vida de manera sutil, pero significativa. Al hacerlo, te das cuenta de que el bienestar y la satisfacción no provienen solo de eventos excepcionales, sino de una cadena constante de momentos que ya están a tu disposición.

La importancia del hábito de la gratitud

Para que el reconocimiento de las bendiciones diarias se convierta en un elemento fundamental de tu vida, es esencial crear el hábito de reflexionar sobre ellas. Al igual que un músculo, la mente necesita entrenamiento constante para enfocarse en lo positivo. Una de las maneras más efectivas de hacerlo es mantener un diario de gratitud. Escribir tres cosas cada día que valoras te ayuda a formar una conciencia diaria del bienestar. No se trata de que cada día debas descubrir algo nuevo o impactante, sino de repetir este acto hasta que tu mente se habitúe a identificar lo bueno.

El momento ideal para realizar esta práctica puede ser al empezar o al finalizar el día, cuando tu mente está más dispuesta a la reflexión. Si no tienes un diario físico, también puedes usar tu teléfono o cualquier otro método que te permita registrar estos pensamientos. Lo importante es la consistencia y la sinceridad con la que te comprometas a este hábito. Con el tiempo, notarás cómo tus pensamientos comenzarán a enfocarse más en lo positivo, reduciendo la ansiedad y aumentando la satisfacción general.

Reconociendo el valor de lo que ya tienes

Reconocer las bendiciones diarias no solo te ayudará a ser más consciente de lo que ya tienes, sino que también cambiará tu perspectiva sobre lo que necesitas. Muchas veces, la sensación de carencia o insatisfacción proviene de centrar nuestra atención en lo que nos falta. Sin embargo, al entrenar la mente para enfocarse en lo que ya posees, desarrollas una mentalidad de abundancia.

Este cambio de perspectiva es fundamental para vivir con gratitud. Las investigaciones demuestran que las personas que practican el reconocimiento de sus bendiciones diarias tienden a ser más felices y resilientes, ya que desarrollan una mayor capacidad para enfrentar los retos. Incluso en los momentos difíciles, entrenar tu mente para ver el valor en lo que ya tienes te proporcionará una base sólida para el bienestar emocional y mental.

Reconocer tus bendiciones diarias es un paso pequeño, pero esencial, hacia el cultivo de una vida basada en la gratitud. Comienza con lo básico, con lo que está a tu alrededor todos los días. Hazlo un hábito, ya sea escribiéndolo en un diario o reflexionando al final de cada jornada. Con el tiempo, este sencillo acto transformará tu perspectiva y te llevará a

> Reconocer las bendiciones cotidianas nos conecta con la abundancia. Identificar y valorar las pequeñas cosas en la vida, como la salud, una conversación significativa o un amanecer, puede cambiar radicalmente nuestra visión del mundo.

experimentar la vida con mayor satisfacción y propósito.

PASO DOS
Transforma la perspectiva de tus desafíos

El reencuadre es una herramienta cognitiva clave para cambiar nuestra forma de ver las situaciones. Cuando nos enfrentamos a dificultades, tenemos el poder de reinterpretarlas de una manera que promueva nuestro crecimiento personal en lugar de enfocarnos solo en el dolor o la frustración. Este paso no se trata de ignorar las dificultades, sino de buscar una perspectiva que nos ayude a aprender y avanzar. Practicar el reencuadre transforma lo que parece ser un obstáculo en una oportunidad.

Cambiar la mirada: De lo negativo a lo positivo

Cuando enfrentamos problemas, es fácil centrarse en lo negativo. Sin embargo, el reencuadre nos invita a tomar un momento para detenernos y preguntar: "¿Cómo puedo ver esta situación desde otro ángulo?" Por ejemplo, si enfrentas un contratiempo en el trabajo, en lugar de quedarte atrapado en el estrés o la frustración, puedes preguntarte: "¿Qué lección puedo sacar de esta experiencia? ¿Cómo me está ayudando a ser más fuerte y resiliente?"

Esta actitud no es ignorar la dificultad, sino aprender a ver más allá del problema inmediato. Un ejemplo de reencuadre lo encontramos en el apóstol Pablo, quien enfrentó innumerables pruebas durante su ministerio. A pesar de los sufrimientos que enfrentaba, Pablo decidió ver esas dificultades como oportunidades para mostrar la fortaleza que Dios le daba. En 2 Corintios 12:9, Pablo dice: "Mi poder se perfecciona en la debilidad". Esto nos enseña que incluso en nuestras debilidades o fracasos, podemos encontrar un espacio para el crecimiento y la superación.

Transformar los retos en oportunidades

El reencuadre también nos lleva a reconocer que, en muchos casos, nuestras dificultades son fuentes de aprendizaje. Cada reto nos invita a ser más resilientes, a buscar soluciones creativas y a crecer en nuestra madurez emocional. Cuando decides reencuadrar un desafío, estás tomando una postura activa frente a la vida, en lugar de ser víctima de las circunstancias. Jesús mismo ofreció un ejemplo de esto cuando enfrentó la cruz, viendo su sufrimiento como el camino para lograr la salvación de la humanidad. En Hebreos 12:2 se nos recuerda que Jesús, "por el gozo puesto delante de él, sufrió la cruz". En otras palabras, Jesús eligió ver más allá del sufrimiento inmediato para enfocarse en el propósito eterno.

Construyendo resiliencia a través del reencuadre

Reencuadrar no es solo una herramienta mental, es una práctica que fortalece nuestra resiliencia. Cada vez que elijes ver una situación desde una perspectiva positiva, estás entrenando tu mente y corazón para enfrentar mejor los retos futuros. Este cambio de perspectiva nos ayuda a ser personas más fuertes, más optimistas y capaces de ver las oportunidades incluso en medio de la dificultad. Cuando adoptamos este enfoque, no solo estamos mejor equipados para manejar el estrés, sino que también nos sentimos más empoderados para enfrentar cualquier cosa que venga.

Por lo tanto, practicar el reencuadre no solo cambia cómo ves los desafíos, sino que te prepara para transformar cualquier situación en un motor de crecimiento personal. Como señala

El reencuadre de los desafíos transforma las dificultades en oportunidades. Cambiar nuestra perspectiva frente a los problemas nos ayuda a aprender de ellos, convirtiendo obstáculos en momentos de crecimiento personal y resiliencia.

Pablo en Filipenses 4:8, es fundamental enfocarse en "todo lo que es verdadero, todo lo honesto, todo lo justo". Cuando elegimos ver las cosas buenas, incluso en tiempos difíciles, nuestro corazón y mente se alinean con una actitud más resiliente y constructiva.

> **PASO TRES**
> **Experimenta el poder de decir "Gracias"**

Expresar gratitud a los demás es una de las acciones más poderosas que puedes tomar para cultivar una actitud de agradecimiento. No solo tiene el potencial de fortalecer tus relaciones, sino que también refuerza tu propio sentido de bienestar. Al reconocer y valorar a las personas que te rodean, abres la puerta a conexiones más profundas y significativas. Este simple acto tiene un efecto transformador tanto en ti como en quienes reciben tu gratitud.

La gratitud compartida multiplica el bienestar

Cuando tomas el tiempo para agradecer sinceramente a alguien, estás creando un ambiente de aprecio y reciprocidad. La gratitud, como muchos estudios en psicología positiva han demostrado, tiene un efecto multiplicador cuando se expresa a otros. Fortalece las relaciones, aumenta la empatía y crea un ciclo de positivismo que puede extenderse a quienes te rodean. Este ciclo puede comenzar con un simple "gracias" y crecer a medida que se fomenta un ambiente de aprecio mutuo. Tal como Proverbios 16:24 nos enseña: "Panal de miel son los dichos suaves; suavidad al alma y medicina para los huesos". Estas palabras nos recuerdan el impacto sanador que pueden tener las palabras de gratitud y amabilidad en quienes las escuchan.

La práctica de agradecer: Un ejercicio transformador

Tomar el tiempo para expresar gratitud puede ser una práctica diaria que cambia no solo tus relaciones, sino también tu actitud general. Un ejercicio poderoso es escribir una carta o mensaje a alguien que haya tenido un impacto positivo en tu vida. Este gesto no tiene que ser elaborado, pero sí sincero. Al poner en palabras tu aprecio, refuerzas en ti mismo una actitud de gratitud y, al mismo tiempo, le das al destinatario el regalo de sentirse valorado.

Este acto tiene un doble beneficio: mejora tu bienestar al recordar lo que otros han hecho por ti, y al mismo tiempo enriquece la vida de la persona que recibe tu gratitud. Jesús también enfatiza la importancia de expresar gratitud y aprecio a los demás. En Lucas 17:17-19, Jesús se maravilla cuando solo uno de los diez leprosos que sanó regresa para darle gracias, destacando la importancia de reconocer y expresar agradecimiento por los favores recibidos.

Fortaleciendo las relaciones a través de la Gratitud

Expresar gratitud tiene el poder de reforzar los lazos que tienes con los demás. Las relaciones saludables se construyen sobre la base de la reciprocidad, y la gratitud es una forma clara de nutrir esa reciprocidad. Cuando agradeces a alguien por su ayuda, su amistad o su apoyo, estás fortaleciendo esa relación y haciendo que la otra persona se sienta apreciada y valorada. Al expresar gratitud, no solo transformas tu propio corazón, sino que también impactas positivamente en el corazón de quienes te rodean.

La gratitud es una práctica espiritual que refleja el amor de Dios hacia los demás. Como dice Colosenses 3:15: "Y

> El poder de expresar gratitud fortalece nuestras relaciones. Agradecer a los demás refuerza los lazos y multiplica el bienestar, tanto para quien da como para quien recibe el agradecimiento.

la paz de Dios gobierne en vuestros corazones, a la que asimismo fuisteis llamados en un solo cuerpo; y sed agradecidos". Este llamado a la gratitud resalta que agradecer no es solo un acto de cortesía, sino una expresión del amor y la paz que provienen de Dios.

Expresar gratitud a los demás es una acción sencilla pero poderosa que fortalece tanto tu actitud como tus relaciones. Ya sea a través de una carta, un mensaje o una palabra de agradecimiento en persona, cada gesto de gratitud que compartes tiene el potencial de crear un impacto positivo duradero.

PASO CUATRO
Focalízate en lo que ya tienes

La gratitud florece cuando desarrollamos una mentalidad de abundancia, una perspectiva que se fundamenta en la creencia de que ya tienes suficiente y que, incluso en los momentos difíciles, siempre hay algo por lo cual estar agradecido. Esta mentalidad se basa en un cambio de enfoque consciente: dejar de centrarnos en lo que nos falta o en lo que otros tienen, para enfocarnos en lo que ya está presente en nuestras vidas. Desarrollar esta perspectiva requiere práctica y disciplina mental, pero sus beneficios son significativos para nuestro bienestar emocional y espiritual.

Del déficit a la abundancia

Uno de los desafíos más grandes al intentar desarrollar una mentalidad de abundancia es el impulso natural de centrarnos en lo que no tenemos. Es fácil caer en la trampa de la comparación, donde las redes sociales, las expectativas culturales o personales nos hacen sentir que no somos lo suficientemente buenos o que no tenemos lo suficiente. Para contrarrestar este patrón, es fundamental entrenar la mente para ver y valorar lo que ya poseemos.

Cada vez que te descubras pensando en lo que te falta, ya sea una mejor casa, un mejor empleo o más reconocimiento, detente por un momento y haz una pausa consciente. Cambia tu enfoque a las cosas que ya están en tu vida y que son dignas de gratitud. Por ejemplo, puedes reflexionar sobre tu salud, tus seres queridos o incluso sobre las pequeñas comodidades diarias, como tener un lugar donde dormir o el alimento en tu mesa. Este ejercicio de cambio de perspectiva transforma la mentalidad de carencia en una actitud de agradecimiento, entrenando tu mente a encontrar lo positivo en el presente.

El apóstol Pablo nos ofrece una poderosa enseñanza en Filipenses 4:11-12: "He aprendido a contentarme, cualquiera que sea mi situación". Pablo nos muestra que la satisfacción y el contentamiento no dependen de lo que tenemos, sino de cómo elegimos interpretar nuestras circunstancias. Este principio es clave para desarrollar una mentalidad de abundancia.

Evita la comparación

La comparación es uno de los mayores obstáculos para la gratitud y una mentalidad de abundancia. Constantemente medirnos contra lo que otros tienen o han logrado puede llevarnos a sentirnos insuficientes. Este hábito, además de drenar nuestra energía, refuerza la idea de que lo que tenemos no es suficiente. Sin embargo, cambiar este patrón es posible si conscientemente evitamos caer en la trampa de la comparación.

Una forma de evitar la comparación es centrarte en el presente y en tu propio progreso. Pregúntate: ¿Cómo he crecido personalmente en el último año? ¿Qué bendiciones he recibido recientemente? Al poner el foco en tu propio camino, puedes apreciar tus avances y logros sin

La constancia en la práctica de la gratitud genera resultados duraderos. Al hacer de la gratitud un hábito diario, incluso en tiempos difíciles, se experimentan cambios profundos en la forma de enfrentar la vida, mejorando el bienestar emocional y la paz interior.

sentirte amenazado por lo que los demás tienen. La Biblia nos recuerda en 2 Corintios 10:12 que "compararnos unos con otros no es sabio". Esta afirmación resalta que nuestra vida debe ser evaluada por nuestras propias medidas, no por las expectativas o logros de los demás.

Agradece en el momento

Cada vez que te sorprendas deseando más o comparándote con otros, realiza el ejercicio de cambiar tu enfoque hacia lo que ya tienes y agradece por ello de inmediato. Este acto puede ser tan simple como detenerte y agradecer por algo pequeño: tu café de la mañana, la comodidad de tu hogar o una conversación con un ser querido. Esta práctica fortalece tu capacidad para concentrarte en las bendiciones presentes en lugar de en lo que aún no tienes.

Al practicar regularmente este ejercicio, te entrenas para vivir con una actitud de agradecimiento, enfocándote en la abundancia de lo que ya existe en tu vida. Desarrollar una mentalidad de abundancia te llevará no solo a sentirte más agradecido, sino también a experimentar una paz interior más profunda, como lo expresa Colosenses 3:15: "Y la paz de Dios gobierne en vuestros corazones... y sed agradecidos".

PASO CINCO
Cultiva la gratitud diaria

La gratitud es un hábito que se fortalece con la práctica constante, al igual que cualquier habilidad o disciplina. Para que la gratitud transforme verdaderamente tu vida, debes hacer de ella una rutina diaria. Esto no solo te ayudará a centrarte en lo positivo, sino que también te permitirá crear una actitud de agradecimiento que permea cada aspecto de tu vida. Al dedicar unos minutos cada día a la gratitud, poco a poco irás notando cambios en tu perspectiva, tu bienestar emocional y tus relaciones.

Encuentra momentos para reflexionar

Una de las formas más efectivas de hacer de la gratitud un hábito diario es reservar un tiempo específico para reflexionar sobre las cosas por las que te sientes agradecido. Puedes hacerlo en la mañana, al despertar, para empezar el día con una mentalidad positiva, o por la noche, antes de acostarte, para reflexionar sobre las bendiciones recibidas a lo largo del día. Este tiempo dedicado a la gratitud puede ser tan simple como hacer una pausa para respirar profundamente y pensar en tres cosas por las que estás agradecido, o más estructurado, como escribir en un diario de gratitud.

Este acto intencional de detenerte y reconocer lo positivo te ayudará a cambiar tu enfoque hacia lo que tienes, en lugar de lo que te falta, promoviendo una mentalidad de abundancia.

La oración y la meditación como prácticas de gratitud

Otra manera de incorporar la gratitud en tu día a día es a través de la oración o la meditación. En la Biblia, 1 Tesalonicenses 5:18 nos insta a "dar gracias en todo, porque esta es la voluntad de Dios para con vosotros en Cristo Jesús". Este versículo nos recuerda la importancia de ser agradecidos en todas las circunstancias, lo cual podemos practicar de manera consciente al incluir la gratitud en nuestras oraciones diarias.

Si prefieres la meditación, dedica unos minutos cada día a enfocarte en la gratitud. Puedes sentarte en silencio, cerrar los ojos y traer a tu mente todas las cosas buenas que has experimentado recientemente. Este proceso no solo te

> La gratitud crea un ciclo positivo que trasciende a quienes nos rodean. Al practicarla, no solo transformamos nuestra vida, sino que inspiramos a otros a adoptar una actitud de agradecimiento, generando un impacto colectivo de bienestar y conexión.

conectará con el presente, sino que también te ayudará a cultivar una mente más tranquila y positiva.

La constancia genera resultados duraderos

La clave para hacer de la gratitud un hábito es la constancia. No se trata de practicarla solo en momentos especiales o cuando todo está bien; es importante que se convierta en parte de tu rutina diaria, incluso en días difíciles. Al dedicar entre 5 y 10 minutos cada día a reflexionar, escribir o compartir tu gratitud, fortalecerás tu actitud positiva y verás cómo cambia tu percepción de la vida. Como cualquier hábito, cuanto más lo practiques, más natural será y mayores serán los beneficios que experimentarás. Hacer de la gratitud una práctica diaria no solo enriquecerá tu vida, sino que también te permitirá irradiar positividad a quienes te rodean.

Adoptar una actitud de gratitud es un proceso que requiere tiempo y práctica, pero con la repetición diaria, esta actitud puede convertirse en un hábito profundamente arraigado en tu vida. La gratitud no siempre es una reacción automática ante las circunstancias, especialmente cuando se enfrentan desafíos o dificultades, pero es precisamente en esos momentos donde su poder transformador puede ser más evidente. Al entrenar tu mente para elegir la gratitud en lugar de la queja o la frustración, estarás creando una nueva forma de ver el mundo, basada en la apreciación de lo que tienes, en lugar de centrarte en lo que te falta.

Los cinco pasos que hemos discutido: reconocer tus bendiciones, practicar el reencuadre, expresar gratitud a los demás, desarrollar una mentalidad de abundancia y hacer de la gratitud un hábito diario, son herramientas prácticas que te ayudan a cultivar una gratitud consciente. Al integrar estos pasos en tu vida cotidiana, la gratitud dejará de ser una elección ocasional y se convertirá en un patrón de pensamiento constante. No solo cambiará tu forma de ver el mundo, sino que tendrá efectos positivos en tu bienestar emocional, promoviendo sentimientos de satisfacción, paz interior y conexión con los demás.

Además, practicar la gratitud de manera consciente tiene un efecto positivo en las relaciones interpersonales, ya que te impulsa a reconocer y valorar las contribuciones de los demás. Al expresar gratitud, fortaleces tus lazos con familiares, amigos y colegas, creando un ambiente de apoyo y reciprocidad. Con el tiempo, esta práctica también mejora tu paz interior, ya que te permite enfocarte en lo que está bien en tu vida, ayudándote a desarrollar una mayor resiliencia frente a los obstáculos.

En definitiva, hacer de la gratitud una parte integral de tu vida diaria no solo transformará tu perspectiva, sino que también fomentará un estado mental más saludable y equilibrado.

La gratitud es la llave que abre la puerta a una vida llena de significado, abundancia y paz interior.

PARA LA REFLEXIÓN Y APLICACIÓN

1. ¿Cómo puedes comenzar a reconocer más conscientemente las bendiciones pequeñas y grandes en tu vida diaria?

2. ¿Qué herramientas puedes usar para practicar el reencuadre y ver los desafíos desde una perspectiva más positiva?

3. ¿De qué manera puedes expresar tu gratitud a los demás de una forma más activa y significativa?

4. ¿Cómo podrías entrenar tu mente para enfocarse en lo que ya tienes, en lugar de lo que te falta?

5. ¿Qué pasos puedes tomar para hacer de la gratitud un hábito diario, sin importar las circunstancias?

¡Gratitud!

Test de Evaluación
¿Qué Tan Desarrollada Está Tu Actitud de Gratitud?

Selecciona el número que mejor represente tu comportamiento habitual para cada pregunta, del 1 (menos frecuente o comprometido) al 5 (más frecuente o comprometido). Al finalizar, suma los puntos de todas tus respuestas para calcular tu puntaje total.

Pregunta	1	2	3	4	5
1. ¿Con qué frecuencia reconoces conscientemente las bendiciones diarias en tu vida?	1	2	3	4	5
2. Cuando enfrentas un desafío, ¿qué tan seguido tratas de buscar una lección positiva en esa situación?	1	2	3	4	5
3. ¿Con qué frecuencia expresas tu gratitud de forma activa a las personas que te rodean?	1	2	3	4	5
4. ¿Tiendes a enfocarte más en lo que tienes o en lo que te falta?	1	2	3	4	5
5. ¿Tienes un hábito diario de gratitud, como escribir en un diario o reflexionar cada día?	1	2	3	4	5
6. ¿Cuánto tiempo dedicas a reflexionar sobre lo positivo en tu vida, incluso en momentos difíciles?	1	2	3	4	5
7. ¿Con qué frecuencia te sientes agradecido por las cosas simples, como una comida o un día soleado?	1	2	3	4	5
8. Cuando alguien te ayuda o te apoya, ¿con qué frecuencia le agradeces de manera verbal o con una acción?	1	2	3	4	5
9. ¿Cómo sueles reaccionar cuando algo no sale como lo planeabas?	1	2	3	4	5
10. ¿Con qué frecuencia dedicas tiempo a orar o meditar sobre las bendiciones en tu vida?	1	2	3	4	5

Suma los puntos de todas tus respuestas

Interpretación de los Resultados

Puntaje Total	Interpretación
40-50 puntos	**Gratitud muy desarrollada:** Tienes una actitud de gratitud muy bien establecida y practicada. Reconoces y aprecias constantemente las bendiciones en tu vida, incluso en momentos de dificultad. Continúa fortaleciendo esta práctica diaria, ya que está impactando positivamente tanto en tu bienestar como en tus relaciones interpersonales.
30-39 puntos	**Gratitud en desarrollo:** Tienes una actitud de gratitud bastante bien desarrollada, pero aún hay algunas áreas que podrían beneficiarse de más atención. Practicas el reconocimiento de las bendiciones en tu vida con frecuencia, pero podrías hacerlo de manera más intencional. Reflexiona sobre las áreas en las que puedes reencuadrar desafíos o expresar más gratitud a los demás.
20-29 puntos	**Gratitud moderada:** A veces reconoces y valoras lo que tienes, pero es posible que te cueste practicar la gratitud de manera constante o en momentos de desafío. Considera integrar más prácticas diarias de gratitud, como llevar un diario o reflexionar antes de acostarte.
10-19 puntos	**Gratitud poco desarrollada:** Es posible que la gratitud no forme una parte central de tu vida diaria en este momento. Puede que te cueste reconocer lo positivo en medio de los retos o recordar expresar tu gratitud hacia los demás. Trabaja en integrar prácticas de gratitud en tu vida, como agradecer conscientemente a los demás o escribir sobre tus bendiciones. Pequeños cambios pueden generar un gran impacto con el tiempo.

Capitulo Seis

LA CULTURA DEL MATERIALISMO
El mayor obstáculo para la gratitud

> La cultura del materialismo, basada en la constante búsqueda de "más", es uno de los mayores obstáculos para vivir una vida de gratitud. Esta mentalidad, que mide el éxito y la felicidad a través de la acumulación de bienes materiales, genera una insatisfacción continua, afectando el bienestar emocional y las relaciones personales. Las personas atrapadas en este ciclo tienden a valorar más lo que les falta que lo que ya poseen. La gratitud, en contraste, ofrece una manera de romper este ciclo, permitiendo enfocarse en las bendiciones presentes y encontrar una satisfacción genuina.

Los pioneros en el estudio del materialismo, Marsha Richins y Scott Dawson, desarrollaron una escala que evalúa el nivel de materialismo de las personas, destacando tres dimensiones clave: la centralidad de las posesiones en la vida, la valoración del éxito personal a través de lo material, y la creencia de que las posesiones son esenciales para la felicidad. Sus investigaciones, que comenzaron en la década de 1990, revelaron que las personas que miden su éxito y felicidad en función de lo que poseen tienden a experimentar una menor satisfacción general con la vida.

Uno de sus estudios fundamentales, publicado en el *Journal of Consumer Research* de 1992, encuestó a personas sobre su nivel de materialismo y satisfacción con la vida. Los resultados fueron contundentes: aquellos con mayores niveles de materialismo no solo se sentían menos satisfechos con su vida, sino que experimentaban más ansiedad, frustración y una continua insatisfacción, a pesar de seguir adquiriendo más bienes materiales.[23] Este enfoque en la acumulación de posesiones crea un ciclo de expectativas no cumplidas, lo que incrementa

---

[23] Richins, Marsha L., and Scott Dawson. "A Consumer Values Orientation for Materialism and Its Measurement: Scale Development and Validation." *Journal of Consumer Research* 19, no. 3 (1992): 303-316.

el vacío emocional. Las expectativas irreales sobre la felicidad que los objetos materiales pueden brindar nunca se cumplen por completo, lo que impulsa a estas personas a desear y buscar más, sin alcanzar una satisfacción duradera.

Además, los estudios de Richins y Dawson han demostrado que este ciclo de deseos insatisfechos no solo afecta la satisfacción individual, sino que también disminuye el bienestar emocional y socava aspectos cruciales de la vida, como las relaciones personales y el sentido de propósito. Las personas más materialistas tienden a experimentar menos emociones positivas y, en lugar de cultivar gratitud por lo que ya tienen, centran su energía en lo que aún les falta, perpetuando una insatisfacción crónica.

Este ciclo no solo afecta la vida personal, sino que también crea una desconexión con los valores profundos que promueven una vida equilibrada y significativa. Las relaciones y el crecimiento personal quedan relegados a un segundo plano cuando la acumulación de bienes se convierte en el objetivo central. En última instancia, los estudios de Richins y Dawson evidencian que el materialismo obstaculiza la capacidad de encontrar satisfacción genuina, subrayando la importancia de adoptar una actitud de gratitud como antídoto contra la trampa del consumismo.

> Dejar de medir tu éxito por lo que posees materialmente es un paso crucial para encontrar una satisfacción genuina. El éxito está más relacionado con tus valores y relaciones que con la cantidad de cosas que acumulas.

El materialismo no solo afecta la vida emocional y social de las personas, sino que también promueve una cultura de carencia constante, donde la gratitud es relegada a un segundo plano. Esta falta de gratitud alimenta la búsqueda incesante de más bienes materiales, creando un ciclo tóxico en el que se valora más lo que falta que lo que ya se tiene. La gratitud, por el contrario, ofrece una perspectiva diferente, una forma de romper ese ciclo, reorientando la atención hacia las bendiciones presentes. Al igual que el materialismo genera una desconexión emocional, la ingratitud perpetúa una vida enfocada en las carencias, lo que impide experimentar la verdadera satisfacción. Aquí es donde ambos conceptos se entrelazan, ya que tanto el materialismo como la ingratitud nos alejan de una vida plena y significativa, dificultando el acceso a una auténtica felicidad.

La ingratitud

El problema de la ingratitud está profundamente arraigado en nuestra educación y cultura, donde nos enseñan a enfocarnos más en lo que no tenemos que en lo que hemos recibido. Esta tendencia a sentir las carencias sobre las bendiciones transforma nuestra perspectiva de la vida y afecta directamente nuestra capacidad de ser verdaderamente felices. William Wilberforce, un político inglés que lideró la campaña contra la esclavitud, describió con precisión el impacto destructivo de la ingratitud al afirmar que "enferma el corazón y enfría la sangre de la benevolencia".[24]

La ingratitud, como una enfermedad silenciosa, comienza a debilitar el alma, envenenando nuestros pensamientos y oscureciendo nuestro entendimiento. El apóstol Pablo también advirtió sobre este proceso en su carta a los Romanos, donde afirmó que aquellos que no glorifican ni agradecen a Dios terminan con un corazón "entenebrecido" (Romanos 1:21). El término griego "*skotos*", que Pablo utiliza para describir esta oscuridad, revela la gradualidad con la que la ingratitud corrompe el corazón, convirtiendo poco a poco la luz en tinieblas.

---

[24] Britannica, T. Editors of Encyclopaedia. "William Wilberforce." Encyclopedia Britannica, September 3, 2024. https://www.britannica.com/biography/William-Wilberforce.

La ingratitud no solo nos desconecta de Dios, sino que también distorsiona la manera en que experimentamos la vida. Nos enfocamos en lo que creemos que nos falta, en lugar de apreciar lo que ya poseemos. En esta búsqueda de satisfacer deseos interminables, comenzamos a depender más de nuestros logros, posesiones y validación externa, y menos de nuestra relación con Dios y con los demás. La vida, que debería ser experimentada como un regalo, se convierte en una serie de transacciones donde el valor personal está determinado por lo que hacemos o poseemos.

Este enfoque egocéntrico nos aleja de la verdadera felicidad, la cual no es algo que se encuentra en el futuro o en lo que aún no poseemos. La felicidad, como sabiamente se ha dicho, "no es la meta, sino el camino". Al vivir sin gratitud, pasamos por alto las bendiciones diarias, creyendo que la verdadera felicidad llegará solo cuando logremos lo próximo que deseamos. Sin embargo, la gratitud es el lente que nos permite ver la vida con claridad, reconocer que la felicidad ya está presente a nuestro lado y que simplemente hemos estado ciegos ante ella.

El peligro de la ingratitud es que nos desconecta de lo esencial. Nos lleva a vivir una vida centrada en el "ego", donde lo que más importa es nuestro propio deseo de éxito o de reconocimiento. No podemos ser verdaderamente felices

> Valorar lo que ya tienes te ayudará a reconocer las bendiciones en tu vida diaria, desde las relaciones importantes hasta tu bienestar emocional y físico.

mientras continuemos buscando llenar un vacío con cosas que nunca podrán satisfacernos completamente. En este contexto, León Tolstói (1828-1910) tenía razón al decir que "la felicidad consiste en apreciar lo que tengo y no desear en exceso lo que no tengo". La gratitud nos ayuda a reconocer que ya tenemos lo que necesitamos para vivir con propósito y satisfacción.

La cultura del 'más'

La cultura actual nos empuja a buscar constantemente "más". Desde pequeños, aprendemos que tener más significa éxito, que hacer más nos llevará a la realización, y que ser admirados por lo que poseemos nos otorga valor personal. Sin embargo, este enfoque nos aleja de la verdadera satisfacción y nos atrapa en un ciclo interminable de deseos insatisfechos.

Cuando nos falta gratitud y nos enfocamos en lo que no tenemos, dirigimos nuestra búsqueda de felicidad hacia nuestras carencias. Creemos que solo seremos felices cuando logremos esa casa más grande, el automóvil más lujoso o el puesto más prestigioso. Pero esta carrera por el "más" nunca nos da lo que buscamos. A largo plazo, dejamos que nuestras posesiones definan nuestro valor, en lugar de reconocer lo que ya somos. La felicidad se desvanece cuando medimos nuestra vida por lo que poseemos, lo que hacemos o lo que los demás piensan de nosotros.

Recordemos cuando éramos niños. El dueño de la pelota decidía si se jugaba o no, y eso le otorgaba un valor superior en el grupo. Este tipo de dinámica sigue presente en la vida adulta, donde las posesiones o los logros determinan el estatus y el valor percibido. El poder adquisitivo se convierte en el nuevo dueño de la pelota. Cuanto más tenemos, mayor parece ser nuestro valor, pero este valor está sostenido por un sistema frágil de comparaciones y expectativas externas.

El problema con esta cultura del "más" es que nunca se detiene. El consumismo nos enseña que siempre necesitamos algo nuevo para ser felices. Esta mentalidad nos lleva a una insatisfacción constante, ya que siempre hay algo que sentimos que nos falta. Además, fomenta una comparación continua con los demás, generando envidia y competencia que nos impiden disfrutar lo que ya poseemos.

Aquí es donde la gratitud entra en juego como el antídoto perfecto. La gratitud nos libera de esta espiral destructiva y redirige nuestra atención hacia lo que ya tenemos. En lugar de medir nuestro valor por lo material, la gratitud nos invita a reconocer y apreciar las bendiciones que ya están presentes en nuestra vida, sin importar su tamaño. Nos enseña a sentirnos satisfechos con lo que tenemos, en lugar de anhelar constantemente lo que nos falta.

Cuando practicamos la gratitud, rompemos las cadenas del consumismo y la comparación. Esto nos permite encontrar satisfacción en el presente. Nos recuerda que nuestro valor no está determinado por nuestras posesiones, sino por nuestras relaciones, experiencias y el impacto positivo que tenemos en los demás. La gratitud nos reconecta con lo esencial, alejándonos de la búsqueda insaciable de validación externa y dirigiéndonos hacia una satisfacción interna más profunda.

Un corazón agradecido no solo disfruta lo que tiene, sino que reconoce que las cosas más valiosas en la vida, como el amor, la salud y las relaciones, no se pueden comprar. Al elegir la gratitud, rompemos con la cultura del "más" y comenzamos a experimentar una satisfacción genuina y duradera que el consumismo y la comparación no pueden proporcionar.

> Practicar la gratitud diariamente es esencial para liberarte del ciclo de comparación y consumismo. Agradecer por lo que tienes te permite enfocarte en lo positivo en lugar de lo que te falta.

La gratitud transforma nuestra percepción de lo que poseemos y redefine nuestra búsqueda de felicidad. Nos enseña a valorar lo esencial. La verdadera satisfacción no está en tener más, sino en agradecer lo que ya tenemos y reconocer que las mayores riquezas de la vida residen en la simplicidad y lo cotidiano.

MITOS Y ENGAÑOS

El espejismo del valor atribuido

El deseo de adquirir bienes materiales responde a un intento mal dirigido del ser humano por aumentar su valor personal y llenar una necesidad profunda de reconocimiento. Este anhelo, aunque natural en su búsqueda de aceptación, se desvirtúa cuando se enfoca en posesiones materiales en lugar de cualidades internas. José Miguel Marinas, en *La fábula del bazar*, señala que el consumismo ha creado la falsa idea de que el valor humano se mide por lo que poseemos o compramos. [25] La percepción de superioridad o valía basada en lo material es un espejismo que nos lleva a definir nuestro valor en términos de objetos tangibles: un carro de supermercado lleno, ropa de marca o una cartera costosa.

Este enfoque fomenta una dependencia psicológica en las apariencias, reforzando la noción errónea de que los bienes materiales pueden proporcionar una satisfacción duradera. Sin embargo, este ciclo de consumismo genera una insaciable búsqueda de reconocimiento externo, creando una percepción ilusoria de éxito y aceptación, que inevitablemente conduce a una insatisfacción interna. A través de la gratitud, es posible romper este ciclo y reorientar nuestro sentido de valor hacia la autenticidad y la apreciación de lo que realmente importa en la vida.

El engaño del acumular

La necesidad de acumular bienes materiales ha permeado profundamente nuestra sociedad, alimentando una falsa idea de valía

---

[25] Jose Miguel Marinas, La fabula del Bazar, p. 82-88.

personal basada en la cantidad de posesiones que logramos adquirir. Esta tendencia, como afirma José Miguel Marinas, no se relaciona tanto con la utilidad de los objetos, sino con el sentido de poder y estatus que estos otorgan.[26] El carro del supermercado lleno, las marcas visibles en la ropa o los accesorios costosos, todo ello está diseñado para comunicar al mundo una sensación de éxito y superioridad. Sin embargo, este tipo de acumulación es solo una máscara temporal que intenta cubrir una necesidad más profunda de reconocimiento y valor.

El acto de acumular refleja un deseo mal dirigido. En lugar de encontrar satisfacción en lo esencial o en lo que verdaderamente importa, nos convencemos de que, al poseer más, seremos más. Las casas llenas de cosas innecesarias, guardadas en áticos o garajes, son testimonios físicos de este intento fallido de aumentar nuestro valor personal. Cada objeto, aunque no se use, representa una pequeña porción de lo que creemos nos hace más importantes o mejores a los ojos de los demás. Este ciclo no termina con la adquisición; sigue alimentándose de la ilusión de que más posesiones nos acercarán a una verdadera satisfacción.

El problema radica en que este enfoque nos aleja de lo que realmente

Reorientar tu perspectiva hacia lo esencial, poniendo el énfasis en el crecimiento personal y las conexiones humanas, en lugar de depender de logros o adquisiciones materiales para sentirte realizado.

---

[26] Ibit. 89.

trae plenitud: la gratitud. Mientras estamos inmersos en la cultura del 'más', en la constante búsqueda de lo siguiente que debemos comprar, olvidamos detenernos a apreciar lo que ya tenemos. Este deseo insaciable nos lleva a subestimar nuestras posesiones actuales y, peor aún, a no reconocer su valor. Nos cegamos ante las bendiciones presentes y nos enfocamos únicamente en lo que falta, lo que percibimos como necesario para lograr la aprobación externa.

Al vivir en esta mentalidad de acumulación, caemos en la trampa de medir nuestra vida y nuestro éxito según parámetros superficiales. Esta búsqueda constante de admiración y aceptación externa consume nuestra energía y nos distrae de los aspectos más profundos y valiosos de la vida. Nos desconectamos de la gratitud, que es la verdadera fuente de satisfacción y bienestar. La gratitud nos permite ver con claridad lo que ya hemos alcanzado y experimentado, y nos invita a apreciar tanto lo grande como lo pequeño en nuestras vidas.

Además, esta cultura de acumulación también afecta nuestras relaciones. Al centrar nuestra vida en el tener, en lugar del ser, comenzamos a valorar a las personas no por quiénes son, sino por lo que poseen o por su capacidad de contribuir a nuestra percepción de éxito. Este enfoque materialista distorsiona nuestras interacciones y nos distancia de los vínculos genuinos y satisfactorios que se construyen sobre el respeto mutuo, el amor y la gratitud compartida.

El verdadero peligro de esta mentalidad es que nos roba la capacidad de vivir el presente. Siempre estamos pensando en el próximo logro, el próximo objeto que comprar o la próxima meta que alcanzar. De este modo, perdemos la oportunidad de vivir plenamente y de experimentar la gratitud por lo que tenemos ahora. La cultura del 'más' nos enseña que nunca es suficiente, que siempre falta algo, y en ese constante correr hacia lo siguiente, dejamos de disfrutar lo que ya está ante nosotros.

Es crucial romper con esta mentalidad y redirigir nuestra atención hacia la gratitud, que nos ofrece una paz duradera y un sentido de satisfacción genuina. Al apreciar lo que ya tenemos y al alejarnos de la trampa de acumular por acumular, podemos comenzar a experimentar una vida más plena, rica en significado y basada en lo que verdaderamente importa.

La ingratitud: El camino hacia la desconexión espiritual

En un episodio de "Los Simpson", Bart Simpson, conocido por su irreverencia y sarcasmo, es invitado a dar gracias antes de la cena. En lugar de ofrecer una oración de gratitud, dice: "Querido Dios, nosotros pagamos todo esto. Así que gracias por nada". Este comentario refleja una actitud común en la sociedad contemporánea: la idea de que lo que tenemos es fruto exclusivo de nuestro esfuerzo, eliminando a Dios o cualquier sentido de gratitud del panorama. Es una postura que, aunque humorística en el contexto del programa, revela una verdad inquietante sobre la falta de gratitud y su impacto en nuestra vida espiritual.

Cuando eliminamos la gratitud de nuestras vidas, estamos en esencia removiendo a Dios de la ecuación. En lugar de ver nuestras bendiciones como regalos, comenzamos a creer que todo lo que tenemos es exclusivamente el resultado de nuestro trabajo o nuestras capacidades. Esta mentalidad nos lleva a una autosuficiencia peligrosa, donde Dios deja de ser reconocido como el dador de todo lo bueno y donde nuestras vidas se centran únicamente en lo material y lo inmediato.

El novelista ruso Fédor Dostoievski, en su obra *Notes from Underground* (1864), describió al ser humano con una frase cruda pero precisa: "Si el hombre no es estúpido, es monstruosamente

> Adoptar una actitud de gratitud es el antídoto perfecto contra la insatisfacción. La gratitud transforma tu percepción de la vida y te permite encontrar felicidad en la simplicidad de tu día a día.

desagradecido".[27] Para Dostoievski, la ingratitud es una de las características más profundas de la naturaleza humana caída. Al ser desagradecidos, no solo mostramos una falta de reconocimiento hacia lo que hemos recibido, sino que nos desconectamos de lo divino, de lo trascendental, de aquello que da verdadero sentido y propósito a nuestra existencia.

Esta desconexión tiene consecuencias profundas. Cuando dejamos de reconocer a Dios en nuestras bendiciones, comenzamos a poner en primer lugar las cosas, las posesiones y nuestros logros personales. En lugar de ver la vida como un regalo, la vemos como una serie de transacciones donde solo obtenemos lo que merecemos y nada más. Este enfoque materialista y egocéntrico no solo nos aleja de Dios, sino que también nos priva de una de las mayores fuentes de paz y satisfacción: la gratitud.

La ingratitud nos conduce a una vida vacía y centrada en lo temporal. Al no reconocer la fuente de nuestras bendiciones, perdemos de vista la importancia de las relaciones, la espiritualidad y el propósito más allá de lo que poseemos. En lugar de vivir una vida rica en significado y conexión, nos encontramos atrapados en la búsqueda constante de más, creyendo erróneamente que la acumulación de bienes o logros nos traerá la satisfacción que anhelamos.

Además, la falta de gratitud afecta nuestras relaciones interpersonales. Cuando adoptamos una postura de ingratitud, nos volvemos más propensos a tomar a las personas y sus acciones por sentado. Vemos lo que hacen por nosotros como algo que merecemos, y no como actos de amor o bondad que deberían ser reconocidos y valorados. Esta actitud puede erosionar nuestras relaciones, creando distanciamiento y falta de aprecio mutuo.

La gratitud, por otro lado, nos conecta no solo con Dios, sino con las personas que nos rodean. Nos recuerda que no estamos solos, que nuestras vidas están entrelazadas con las de otros, y que cada bendición que recibimos, ya sea material o emocional, es un reflejo de la gracia y el cuidado de Dios y los demás. Al cultivar una actitud de gratitud, comenzamos a ver la vida de manera diferente: no como una serie de

---

[27] John Stott, *Las notas del predicador: Citas, ilustraciones y oraciones recolectadas de John Stott*, ed. Mark Meynell, t. 8, 10, Serie Predicación (Bellingham, WA: Editorial Tesoro Bíblico, 2020).

derechos adquiridos, sino como una abundancia de regalos que merecen ser apreciados.

Por lo tanto, la ingratitud, como lo ejemplifica el comentario de Bart Simpson, no es solo una expresión de irreverencia o descaro. Es un síntoma más profundo de una vida desconectada de Dios y de la gratitud que debería gobernar nuestras interacciones diarias. Al reconocer y revertir esta tendencia, podemos redescubrir el valor de la gratitud y cómo esta nos lleva a una vida más plena, rica en significado y profundamente conectada con lo espiritual y lo humano.

El problema de la ingratitud no es solo una cuestión de perspectiva personal; es una desconexión profunda con la realidad espiritual y relacional de nuestras vidas. Nos educan para enfocarnos en lo que no tenemos, perpetuando una cultura que alimenta el vacío en lugar de la plenitud. Como lo describió William Wilberforce, la ingratitud tiene el poder de "enfriar" la esencia misma de nuestra vida emocional y espiritual, distanciándonos del amor, la benevolencia, y la capacidad de experimentar una satisfacción genuina.[28]

Al desconectarnos de la gratitud, nos alejamos de Dios y de los demás, cayendo en la trampa de medir nuestra vida por lo que poseemos o logramos, en

> La gratitud es el puente que nos lleva de la carencia al bienestar, redirigiendo nuestra atención desde lo que falta hacia las abundantes bendiciones presentes en nuestra vida. Al cultivar una actitud de agradecimiento, rompemos el ciclo del consumismo y la insatisfacción, redescubriendo el gozo en lo simple y esencial.

---

[28] Wilberforce, William. *A Practical View of the Prevailing Religious System of Professed Christians*. Nueva York: American Tract Society, 1797.

lugar de valorar lo que verdaderamente importa. El apóstol Pablo lo describió con claridad cuando habló de corazones oscurecidos, que al dejar de reconocer a Dios, se sumergen en la necedad y la confusión.

Este oscurecimiento es progresivo y silencioso, pero con un impacto devastador en nuestra capacidad de experimentar gozo, paz, y relaciones auténticas.

La cultura moderna ha intensificado esta desconexión, enseñándonos que solo al tener más, al hacer más o al ser admirados por lo que poseemos, encontraremos valor. Sin embargo, este enfoque perpetúa la insatisfacción. Nos empuja a una carrera interminable, en la que cada logro material parece insuficiente y cada comparación con otros nos deja sintiéndonos incompletos. En este ciclo, la gratitud es el único antídoto que puede devolvernos el sentido de lo que realmente somos: seres espirituales, con un valor intrínseco que no depende de lo material.

La gratitud no solo nos reconecta con lo esencial; también redefine nuestra experiencia de vida. Al practicarla, rompemos las cadenas del consumismo y la comparación, nos liberamos de la ilusión de que nuestra felicidad depende de lo que nos falta. Nos permite ver la riqueza que ya poseemos: nuestras relaciones, nuestra salud, nuestros momentos cotidianos de gozo y paz.

Al elegir la gratitud, reconocemos que la felicidad no está en acumular más, sino en aprender a valorar lo que ya tenemos. La vida, vista a través de los ojos de la gratitud, se convierte en un continuo flujo de bendiciones. Esta es la verdadera satisfacción que el consumismo no puede ofrecer y que la ingratitud nos roba.

PARA LA REFLEXIÓN Y APLICACIÓN

1. ¿Por qué es importante dejar de medir el éxito personal por lo que poseemos materialmente?

2. ¿Cómo puede la gratitud ayudarte a romper el ciclo de comparación y consumismo?

3. ¿Qué aspectos de la vida, además de las posesiones materiales, son fundamentales para encontrar una satisfacción genuina?

4. ¿De qué manera el materialismo afecta las relaciones personales según los estudios de Richins y Dawson?

5. ¿Cómo puedes comenzar a practicar la gratitud diariamente y qué efectos tendría en tu bienestar general?

Test de Evaluación
La Cultura del 'Más' y la Gratitud

Selecciona el número que mejor represente tu comportamiento habitual para cada pregunta, del 1 (menos enfocado en la gratitud) al 5 (más enfocado en la gratitud). Al finalizar, suma los puntos de todas tus respuestas para calcular tu puntaje total.

Pregunta	1	2	3	4	5
1. ¿Con qué frecuencia te sientes insatisfecho con lo que tienes y deseas más?	1	2	3	4	5
2. Cuando ves que otros tienen más éxito o posesiones que tú, ¿cómo te sientes?	1	2	3	4	5
3. ¿Con qué frecuencia comparas tus logros o posesiones con los de otras personas?	1	2	3	4	5
4. ¿Qué tanto afecta tu felicidad la búsqueda de obtener más (posesiones, dinero, estatus)?	1	2	3	4	5
5. ¿Cuánto disfrutas y valoras lo que ya tienes en lugar de enfocarte en lo que te falta?	1	2	3	4	5
6. Cuando logras obtener algo nuevo o más de lo que ya tenías, ¿cómo te sientes después?	1	2	3	4	5
7. ¿Con qué frecuencia practicas la gratitud por lo que tienes, sin compararte con otros?	1	2	3	4	5
8. ¿Qué tan importante es para ti la aprobación externa (la validación de los demás) para sentirte valioso?	1	2	3	4	5
9. ¿Cuán satisfecho te sientes con lo que posees ahora mismo, sin necesidad de más?	1	2	3	4	5
10. Después de reflexionar sobre la cultura del 'más', ¿qué tan comprometido estás a enfocarte más en la gratitud y menos en el consumismo?	1	2	3	4	5

Suma los puntos de todas tus respuestas

Interpretación de los Resultados

Puntaje Total	Interpretación
40-50 puntos	**Actitud sana hacia la gratitud:** Tienes un fuerte control sobre los impulsos de la cultura del 'más'. Continúa valorando lo que ya posees y practicando la gratitud diariamente.
30-39 puntos	**Buena base, pero con oportunidades:** Aunque generalmente valoras lo que tienes, aún hay áreas donde puedes fortalecer tu gratitud y reducir el impacto del consumismo.
20-29 puntos	**Relación intermitente con la gratitud:** Tu enfoque oscila entre la gratitud y el consumismo. Trabaja en ser más consciente de apreciar lo que ya tienes en lugar de desear más.
10-19 puntos	**Gratitud limitada:** El consumismo y la falta de gratitud están afectando tu bienestar. Practicar la gratitud diaria te ayudará a sentirte más satisfecho y en paz.
0-9 puntos	**Dominio de la cultura del 'más':** La gratitud está ausente en tu día a día. Reflexiona sobre cómo integrar la gratitud en tu rutina y comienza con pequeños pasos para cambiar tu perspectiva.

Capitulo Siete

MÁS QUE PALABRAS
Una expresión tangible de la gratitud

> Israel expresaba su gratitud a Dios no solo con palabras, sino mediante actos tangibles como sacrificios, ofrendas, festividades y cánticos. Estas acciones reflejaban su dependencia de la provisión divina y mantenían viva la conciencia de Su bondad y fidelidad. La gratitud en Israel se vivía de manera concreta, reafirmando la relación con Dios y promoviendo una actitud constante de agradecimiento, tanto a nivel personal como comunitario.

Dios, en las Escrituras, enseña a Su pueblo a expresar gratitud de maneras que no son meramente palabras, sino acciones concretas que reflejan una profunda conexión con Él. Estas formas de agradecimiento, que abarcan tanto la vida personal como la comunidad, tenían el propósito de anclar en el corazón humano la realidad de la dependencia continua de Su provisión. No era suficiente con sentir gratitud internamente; Dios instruyó a Su pueblo a manifestarla de manera tangible, ya que estas prácticas ayudaban a mantener viva la conciencia de Su bondad y fidelidad en cada aspecto de la vida. Los sacrificios, las ofrendas, las fiestas y el canto son ejemplos claros de cómo la gratitud se convirtió en una parte integral del culto y la adoración a Dios, recordando constantemente que cada bendición, cada provisión, provenía de Su mano. Estas acciones no solo eran recordatorios para los israelitas, sino que también les enseñaban a depender de Dios en todo momento, cultivando una relación más cercana con Él.

En este contexto, la gratitud no era una respuesta ocasional o circunstancial, sino un estilo de vida ordenado por Dios mismo. Por ejemplo, las ofrendas de acción de gracias permitían que las personas reconocieran de manera concreta las bendiciones recibidas. En las fiestas, como la de los Tabernáculos, el pueblo se unía para celebrar la fidelidad de Dios en la provisión del año, demostrando que la gratitud también debía expresarse de manera colectiva.

LEY MOSAICA

En el sistema de la Ley Mosaica, Dios estableció sacrificios y ofrendas como una forma primordial para que Su pueblo expresara gratitud de manera tangible. Estos sacrificios no eran simples rituales vacíos, sino medios profundos de conexión entre Dios y Su pueblo, recordándoles que todo lo que poseían, todo éxito y toda provisión, provenía directamente de Su mano. La gratitud, en este contexto, iba más allá de una simple emoción interna; debía manifestarse en acciones concretas que reflejaran una dependencia continua y una apreciación activa de la bondad y provisión divina.

> La gratitud en Israel no se expresaba solo con palabras, sino mediante acciones tangibles que reflejaban su dependencia de Dios. Estas manifestaciones de agradecimiento incluían sacrificios, ofrendas y festividades, reafirmando la relación con Dios y manteniendo viva la conciencia de Su bondad y fidelidad.

Sacrificios de paz y ofrendas voluntarias (*Shelemim*)

Uno de los sacrificios clave para expresar gratitud era el sacrificio de paz, también conocido como shelemim en hebreo, el cual tenía varias subcategorías, siendo la más relevante el sacrificio de acción de gracias, o todah. Este tipo de sacrificio, descrito en Levítico 7:12-15, era voluntario y servía como un acto explícito de agradecimiento por la intervención divina en momentos específicos de la vida de una persona, como una liberación de un peligro inminente, una sanación de una enfermedad, o cualquier otro evento en el cual la mano de Dios había sido evidente.

El sacrificio de acción de gracias requería que el oferente trajera un animal sin defecto al altar y, después de ser sacrificado, parte de la carne se consumía en una comida comunitaria. Este acto de comer en comunidad no era trivial, sino que simbolizaba la gratitud compartida entre la persona que ofrecía el sacrificio y aquellos que participaban en la comida, incluyendo sacerdotes, amigos y familiares. Al comer juntos en la presencia de Dios, se reforzaba la idea de que la bendición recibida no solo era para el beneficio personal del oferente, sino para la comunidad en su conjunto, enfatizando así la interdependencia y el reconocimiento colectivo de la bondad de Dios.

Además, el sacrificio de paz estaba orientado hacia la paz relacional entre Dios y el hombre. La palabra hebrea *shalom*, que comparte raíces con shelemim, implica una paz completa que abarca la totalidad de la vida humana: espiritual, física, y social.[29] Por tanto, el sacrificio de acción de gracias no solo simbolizaba la gratitud por una bendición particular, sino también la gratitud por la paz, la plenitud y la armonía que Dios traía a la vida del oferente.

Primicias y Diezmos: Gratitud en la Provisión Continua

Otra forma fundamental de expresar gratitud en la Ley era a través de las primicias y los diezmos, prácticas que eran mandamientos esenciales para recordar que todo lo que el pueblo poseía venía directamente de Dios. Deuteronomio 26:1-11 describe el ritual de las primicias, en el que los israelitas debían ofrecer los primeros frutos de sus cosechas al Señor. Esta ofrenda no solo era un acto de gratitud, sino una declaración de fe. Al entregar las primicias, los israelitas reconocían que la prosperidad de su cosecha no dependía de sus propios esfuerzos, sino de la bendición divina. Además, al dar lo primero y lo mejor de su tierra, demostraban su confianza en que Dios continuaría proveyéndoles para el resto de la cosecha.

---

[29] Haran, Menahem. *Temples and Temple-Service in Ancient Israel*. Clarendon Press, 1978.

Los diezmos, o la entrega del 10% de las cosechas y bienes al Señor, también servían como una forma continua de recordar la soberanía de Dios sobre todas las cosas. Esta práctica, prescrita en varios textos del Antiguo Testamento, incluía no solo el sustento de los sacerdotes y levitas, sino también el cuidado de los más necesitados, como los extranjeros, los huérfanos y las viudas (Deuteronomio 26:12-13). En otras palabras, el diezmo no solo era un acto de gratitud personal, sino una forma de extender esa gratitud a la comunidad, mostrando que la bendición de Dios debía compartirse con quienes estaban en necesidad.

La gratitud expresada a través de las primicias y los diezmos iba más allá de una simple entrega de bienes materiales; era un acto que transformaba la perspectiva del oferente sobre la propiedad y la provisión.[30] Al dar lo primero y lo mejor, el pueblo de Israel demostraba su reconocimiento de que todo lo que poseían venía de Dios y, al mismo tiempo, afirmaban su dependencia continua en Su provisión para el futuro.

> Las acciones de gratitud, como los sacrificios de paz, eran intencionales y comunitarias, mostrando que la bendición recibida debía compartirse con otros, fortaleciendo los lazos entre el pueblo.

CÁNTICOS Y ALABANZA

La expresión de gratitud a través de cánticos y alabanza ocupaba un lugar central en la vida espiritual del pueblo de

---

[30] Baker, David W., ed. *The Face of Old Testament Studies: A Survey of Contemporary Approaches*. Baker Academic, 1999.

Israel. El canto no solo era una forma de adoración, sino también una poderosa herramienta para recordar las grandes obras de Dios y Su constante fidelidad. Los Salmos, en particular, son una colección de oraciones, cánticos y reflexiones que capturan las emociones, los agradecimientos y las alabanzas de la nación hacia Dios. A través de estos textos, el pueblo no solo expresaba su gratitud por las bendiciones pasadas, sino que también reafirmaba su confianza en la continua misericordia de Dios para el futuro.

La gratitud en el canto: Un acto de alabanza

Los salmos destacan como un medio por excelencia para que el pueblo de Dios expresara su gratitud de manera colectiva e individual. Salmo 100, por ejemplo, es un himno de acción de gracias que invita a todos a entrar en la presencia de Dios con corazones llenos de gratitud y alabanza. En el versículo 4, se nos insta: *"Entrad por sus puertas con acción de gracias, por sus atrios con alabanza; alabadle, bendecid su nombre."* Esta imagen de entrar en los atrios del templo con acción de gracias muestra que la gratitud era una actitud con la cual los israelitas debían acercarse a Dios. No bastaba con reconocer Sus bendiciones en privado; la gratitud debía expresarse abiertamente, en comunidad, con cánticos y proclamaciones públicas.

Este enfoque comunitario de la gratitud resalta que la alabanza no era un acto aislado, sino parte de la adoración corporativa del pueblo. Cuando los israelitas entraban al templo para adorar a Dios, lo hacían no solo como individuos agradecidos, sino como una nación que colectivamente reconocía las obras poderosas de Dios. A través del canto, la gratitud se transformaba en una celebración comunitaria de la fidelidad y bondad divinas, uniendo al pueblo bajo una misma voz y propósito.

Salmo 136: Una liturgia de gratitud repetitiva

El Salmo 136 es uno de los ejemplos más claros de cómo la gratitud a Dios se estructuraba dentro de la adoración litúrgica. Este salmo presenta una fórmula repetitiva donde cada declaración sobre las grandes obras de Dios va seguida de la respuesta: "porque para siempre es su misericordia." Esta repetición no era simplemente para llenar espacio en el cántico, sino que tenía un profundo propósito litúrgico y teológico. Cada acto de Dios mencionado en el salmo—desde la creación del mundo hasta la liberación de Israel de Egipto—era seguido por una afirmación de la fidelidad eterna de Dios.[31] Esta estructura de llamada y respuesta en el Salmo 136 muestra cómo la gratitud estaba integrada en la vida de Israel de manera comunitaria y ritual. El pueblo proclamaba la grandeza de Dios y, al mismo tiempo, afirmaba su confianza en Su misericordia eterna. A través de este tipo de salmos, la gratitud no solo se expresaba por las bendiciones del pasado, sino que también se entrelazaba con una esperanza continua en la misericordia futura de Dios. Esta práctica de repetir la frase "porque para siempre es su misericordia" ayudaba a grabar en la mente del pueblo la naturaleza inmutable de Dios, asegurando que Su bondad y misericordia no terminarían.

Además, este tipo de salmos permitía que toda la comunidad participara activamente en la adoración. La repetición de frases como "porque para siempre es su misericordia" facilitaba la respuesta del pueblo, asegurando que todos,

Las primicias y los diezmos representaban una gratitud continua por la provisión divina, recordando al pueblo de Israel que todo lo que poseían provenía de Dios, y al mismo tiempo asegurando el bienestar de los más necesitados.

---

[31] Gerstenberger, Erhard S. *Psalms: Part 1 with an Introduction to Cultic Poetry*. Eerdmans, 1988.

independientemente de su nivel de educación o comprensión teológica, pudieran unirse en la proclamación de gratitud. Era una forma inclusiva de adoración, donde todos podían participar en la alabanza a Dios por Sus grandes obras.

Cantar salmos de gratitud no solo servía como un acto de adoración en el momento, sino que también actuaba como un recordatorio continuo de la fidelidad y las provisiones de Dios a lo largo de la historia de Israel. Los salmos funcionaban como una crónica poética de las intervenciones divinas, asegurando que las generaciones futuras no olvidaran las maravillas que Dios había realizado en el pasado. A través de estos cánticos, los israelitas mantenían viva la memoria de las acciones salvadoras de Dios, lo cual fortalecía su fe para enfrentar los desafíos presentes y futuros.

Esta práctica de cantar alabanzas por las grandes obras de Dios, por tanto, no era solo una expresión emocional de gratitud, sino un acto intencional de memoria colectiva. Al recordar y proclamar lo que Dios había hecho, la comunidad no solo expresaba su agradecimiento, sino que también se recordaba a sí misma que el Dios que había sido fiel en el pasado seguiría siendo fiel en el futuro. Los cánticos y alabanzas en los Salmos no eran simples expresiones de gratitud pasajera. Eran actos profundamente arraigados en la cultura y la espiritualidad del pueblo de Israel, diseñados para fortalecer la fe y recordar la eterna misericordia de Dios.

Oración y testimonio

A lo largo de las Escrituras, la oración era una forma de expresar gratitud. El apóstol Pablo menciona que la oración debe estar acompañada de gratitud: "No se inquieten por nada, más bien, en toda ocasión, con oración y ruego, presenten sus peticiones a Dios y denle gracias" (Filipenses 4:6). Esto muestra que la gratitud es una parte integral de la vida devocional y las peticiones del pueblo a Dios.

En el Antiguo Testamento, figuras como Daniel (Daniel 6:10) expresaban su gratitud a Dios a través de la oración, incluso en circunstancias difíciles. Daniel daba gracias a Dios a pesar de las amenazas de persecución, mostrando una actitud de gratitud constante.

MEMORIALES Y FESTIVIDADES

Los memoriales y festividades en la vida del pueblo de Israel no eran solo rituales vacíos; tenían un profundo significado espiritual y cultural, pues servían como recordatorios tangibles de la fidelidad y las provisiones de Dios. Estas celebraciones marcaban momentos clave en la historia del pueblo de Dios y se llevaban a cabo anualmente para asegurar que las generaciones sucesivas no olvidaran los actos de misericordia divina. Estos memoriales no solo unían a la comunidad en agradecimiento, sino que también mantenían vivo el testimonio de la intervención divina en su historia.

> Los cánticos y alabanzas, especialmente a través de los salmos, ofrecían una forma de gratitud colectiva, uniendo al pueblo bajo una misma voz para recordar y celebrar las obras poderosas de Dios.

La pascua (*Pesaj*)
Gratitud por la redención

Una de las festividades más importantes del calendario judío es la Pascua (*Pesaj*), que conmemora la liberación de Israel de la esclavitud en Egipto (Éxodo 12). Este evento no solo marcó un cambio radical en la historia del pueblo de Israel, sino que también se convirtió en una celebración anual de agradecimiento por la redención divina.[32] La Pascua no era solo un recordatorio de la liberación física, sino

---

[32] Erin Blakemore, "¿Qué es la Pascua judía y qué celebra?" *National Geographic*, 20 de abril de 2022, actualizado el 17 de abril de 2024, https://www.nationalgeographic.es.

también de la misericordia y el poder de Dios para intervenir en la vida de Su pueblo y salvarlo de la opresión.

Durante esta festividad, los israelitas recordaban cómo Dios los había librado de Egipto a través de una serie de actos poderosos, culminando en la décima plaga y el paso seguro por el Mar Rojo. En la celebración, se comía el cordero pascual junto con hierbas amargas y pan sin levadura, simbolizando tanto el sufrimiento de la esclavitud como la rapidez con la que fueron liberados. Este acto de gratitud no solo miraba hacia atrás, sino que también reafirmaba la continua dependencia del pueblo en la misericordia de Dios.

La pascua, como memorial, era una oportunidad para que el pueblo renovara su compromiso con Dios, reconociendo que Él no solo los había rescatado una vez, sino que seguía siendo su Redentor constante. Cada generación que celebraba *Pesaj* se conectaba con la narrativa de liberación y la mantenía viva, transmitiendo la gratitud por esa intervención divina. Este festival no solo era un acto de memoria, sino también una reafirmación de la confianza en Dios para las futuras redenciones.

La fiesta de los tabernáculos (*Sukkot*)
Gratitud por la provisión en el desierto

Otra festividad significativa era la fiesta de los Tabernáculos (*Sukkot*), también conocida como la fiesta de la cosecha. *Sukkot* se celebraba durante una semana, y durante este tiempo los israelitas vivían en tabernáculos temporales o cabañas, recordando cómo Dios los había sostenido durante los 40 años en el desierto (Levítico 23:39-43). Este festival no solo celebraba la provisión material como la cosecha del año, sino que también recordaba la provisión espiritual y física de Dios mientras el pueblo atravesaba el desierto.

La simbología detrás de vivir en tabernáculos temporales era una forma tangible de conectar con el pasado, un recordatorio físico de que, aunque el pueblo no tenía una tierra permanente en el desierto, Dios siempre estuvo presente con ellos, proveyendo lo necesario para sobrevivir. Cada año, el pueblo se trasladaba de la comodidad de sus hogares a estas estructuras frágiles, lo que no solo marcaba un regreso a sus raíces, sino también una oportunidad para renovar su dependencia en la provisión divina.

Además de este recordatorio histórico, Sukkot estaba profundamente vinculado con la cosecha. Durante la festividad, el pueblo ofrecía oraciones y cánticos de gratitud por la cosecha del año, reconociendo que la tierra y sus frutos eran una bendición de Dios. Era un tiempo de celebración comunitaria, donde todos se unían para agradecer las bendiciones recibidas en el pasado y las que continuaban disfrutando.[33] Sukkot, al igual que la Pascua, unía al pueblo de Israel en una expresión colectiva de gratitud por la fidelidad de Dios.

> Las festividades como la Pascua y la Fiesta de los Tabernáculos no solo conmemoraban la intervención divina, sino que también servían como recordatorios anuales de la gratitud y la dependencia continua de Dios para las generaciones futuras.

Un recordatorio constante

Estas festividades, la Pascua y la Fiesta de los Tabernáculos, no solo funcionaban como actos de gratitud por los eventos específicos que recordaban, sino que también establecían un ritmo anual de gratitud. Eran momentos específicos en los que el pueblo se detenía en medio de sus actividades cotidianas para hacer una pausa, reflexionar y agradecer. Estos memoriales ayudaban a forjar una identidad colectiva basada en la intervención y el cuidado de Dios,

---

[33] Haran, Menahem. *Temple and Temple-Service in Ancient Israel*. Clarendon Press, 1978.

manteniendo viva la memoria de Su provisión en la mente del pueblo.

La práctica de conmemorar estos eventos aseguraba que la gratitud no fuera un acto ocasional o relegado a momentos específicos de prosperidad, sino que se integrara como parte esencial de la vida diaria del pueblo. Así, la memoria de los actos de Dios no se desvanecía con el tiempo, sino que se mantenía viva y activa en la vida de cada israelita, asegurando que la dependencia de Dios y el reconocimiento de Su gracia fueran siempre centrales en su espiritualidad y en su vida en comunidad. Los memoriales y festividades en la vida del pueblo de Israel eran mucho más que rituales tradicionales. Eran anclas espirituales que recordaban la provisión, redención y fidelidad de Dios. Cada celebración renovaba el sentido de gratitud en el pueblo, no solo por las bendiciones materiales, sino por el continuo cuidado y guía divina en sus vidas.

La gratitud como expresión activa en la vida del creyente

En la estructura espiritual y cultural del pueblo de Israel, la gratitud a Dios era mucho más que un sentimiento o una expresión verbal ocasional. Las Escrituras nos muestran que la gratitud debía manifestarse a través de acciones intencionales, estructuradas y activas que abarcaban todos los aspectos de la vida. Dios diseñó múltiples maneras en las que Su pueblo podía y debía expresar esa gratitud, asegurando que este reconocimiento no fuera algo pasajero, sino una práctica constante que moldeara su relación con Él y con los demás.

El sacrificio de acción de gracias (*todah*), por ejemplo, no era simplemente un acto de adoración privado. Era un acto público y comunitario que implicaba un sacrificio físico, seguido de una comida compartida, donde el oferente expresaba gratitud no solo por lo recibido, sino por la provisión que beneficiaba a la comunidad entera. Este sacrificio no solo reforzaba la idea de dependencia hacia Dios, sino que también consolidaba los lazos entre los miembros del pueblo, quienes participaban activamente en la gratitud por la bendición divina. Este enfoque comunitario muestra que la gratitud bíblica no es individualista, sino que siempre mira hacia la colectividad, reconociendo que las bendiciones individuales tienen un propósito más amplio: beneficiar a la comunidad.

Además, los actos de dar las primicias y los diezmos iban más allá de un simple tributo. Eran expresiones concretas de que todo lo que el pueblo poseía, desde las cosechas hasta sus bienes más preciados, provenía de Dios. El diezmo no solo servía para sostener a los levitas y sacerdotes, sino que también era una forma de garantizar el bienestar de los más vulnerables. En este sentido, la gratitud no solo implicaba reconocer lo recibido, sino también actuar generosamente, extendiendo los beneficios de las bendiciones recibidas a los demás. Esto demuestra que la gratitud bíblica es expansiva y activa: recibir bendiciones de Dios lleva inevitablemente a dar de esas bendiciones a los demás.

Por otro lado, las festividades, como la Pascua y la Fiesta de los Tabernáculos, actuaban como poderosos memoriales colectivos. No solo eran recordatorios históricos de lo que Dios había hecho, sino que también reavivaban el compromiso de fe y dependencia continua del pueblo hacia Él. En estas celebraciones, la gratitud no solo miraba al pasado, sino que preparaba al pueblo para el futuro, reafirmando la certeza de que el Dios que había provisto en tiempos antiguos seguiría siendo fiel. Cada año, al celebrar estas festividades, el pueblo renovaba su dependencia de Dios, lo cual les permitía enfrentar los desafíos presentes y futuros con una perspectiva centrada en Su provisión.

Finalmente, los cánticos y alabanzas, plasmados en los Salmos, nos enseñan que la gratitud se convierte en un hábito

> La gratitud bíblica es más que palabras; es acción, memoria y una actitud permanente que fortalece nuestra relación con Dios y transforma nuestra vida y comunidad.

del corazón cuando se practica con frecuencia. El Salmo 136, con su repetición de "porque para siempre es su misericordia", no solo es una alabanza, sino un ejercicio litúrgico diseñado para grabar en la mente y corazón del pueblo que la gratitud debe ser continua, independientemente de las circunstancias. El acto de cantar en comunidad crea una atmósfera de reconocimiento perpetuo hacia Dios, donde la gratitud no es solo una emoción pasajera, sino una declaración pública y un compromiso con la eternidad de Su misericordia.

La gratitud en la Biblia es mucho más que un sentimiento abstracto. Es una respuesta activa que abarca todo el ser y se manifiesta de manera visible en sacrificios, ofrendas, festividades y cánticos. A través de estas expresiones, el pueblo de Dios no solo reconocía Su provisión, sino que cultivaba una relación más profunda con Él, basada en la confianza continua y el reconocimiento constante de Su bondad. Estos actos eran, en última instancia, una manera de mantener viva la memoria de las obras de Dios y de asegurarse de que la gratitud no se volviera una reacción momentánea, sino una actitud permanente que transformaba tanto la vida individual como la comunidad entera.

PARA LA REFLEXIÓN Y APLICACIÓN

1. ¿De qué manera las acciones tangibles de gratitud, como los sacrificios y ofrendas, fortalecían la relación del pueblo de Israel con Dios?

2. ¿Cómo los cánticos y alabanzas, como el Salmo 136, ayudaban a mantener viva la memoria de la misericordia y fidelidad de Dios?

3. ¿Qué lecciones actuales podemos aprender de la práctica de entregar primicias y diezmos como expresión de gratitud?

4. ¿Cómo las festividades, como la Pascua y la Fiesta de los Tabernáculos, fomentaban una gratitud comunitaria y no solo individual?

5. ¿Cómo podemos aplicar hoy la idea de que la gratitud no debe ser solo una emoción, sino una acción activa que transforme nuestras vidas y comunidades?

Test de Evaluación
¿Cómo Expresas Tu Gratitud de Forma Concreta?

Selecciona el número que mejor represente tu comportamiento habitual para cada pregunta, del 1 (menos enfocado en expresar gratitud) al 5 (más enfocado en expresar gratitud). Al finalizar, suma los puntos de todas tus respuestas para calcular tu puntaje total.

Pregunta	1	2	3	4	5
1. ¿Con qué frecuencia agradeces a alguien por algo que ha hecho por ti?	1	2	3	4	5
2. ¿Con qué frecuencia donas dinero o tiempo a personas o causas que lo necesitan?	1	2	3	4	5
3. Cuando alguien te ayuda, ¿cómo sueles mostrar tu gratitud?	1	2	3	4	5
4. ¿Participas en actividades que celebran la gratitud, como reuniones familiares o comunitarias?	1	2	3	4	5
5. ¿Reflexionas diariamente sobre las cosas por las que te sientes agradecido?	1	2	3	4	5
6. ¿Compartes lo que recibes para beneficiar a otras personas?	1	2	3	4	5
7. ¿Cómo sueles agradecer cuando alguien hace algo importante por ti?	1	2	3	4	5
8. ¿Tienes algún hábito como dar una parte de tus ingresos para agradecer lo que has recibido?	1	2	3	4	5
9. ¿Te involucras en voluntariado como una forma de mostrar gratitud?	1	2	3	4	5
10. ¿Agradeces a quienes organizan actividades grupales o comunitarias?	1	2	3	4	5

Suma los puntos de todas tus respuestas
Interpretación de los Resultados

Puntaje Total	Interpretación
40-50 puntos	**Expresión de gratitud constante:** Eres una persona que expresa gratitud de manera constante y tangible, impactando positivamente tanto tu vida como la de los demás.
30-39 puntos	**Expresión tangible frecuente:** Sueles mostrar gratitud de forma tangible, pero aún puedes encontrar más oportunidades para expresarla de manera constante.
20-29 puntos	**Expresión ocasional:** A veces expresas gratitud, pero puedes beneficiarte de reflexionar sobre cómo hacer que sea una práctica más activa en tu vida.
10-19 puntos	**Gratitud interna predominante:** Tu gratitud suele ser interna, pero es importante encontrar formas más activas y tangibles de expresarla.
0-9 puntos	**Falta de expresión activa:** Tiendes a no expresar gratitud de manera activa. Sería beneficioso reflexionar sobre cómo implementar más acciones de gratitud en tu vida diaria.

¡GRATITUD!

Descubre el Poder de una Vida Plena

A lo largo de este libro, hemos explorado la gratitud desde distintos ángulos: como una actitud, una práctica y una fuente de transformación personal. Hemos aprendido que la gratitud no es un reflejo automático de circunstancias favorables, sino una elección consciente que se puede cultivar y fortalecer con el tiempo. La gratitud no solo afecta nuestra manera de percibir el mundo, sino que también transforma nuestro bienestar emocional, nuestras relaciones y nuestra capacidad para enfrentar los retos con resiliencia.

En cada capítulo, hemos destacado que la gratitud es más que un simple agradecimiento por las bendiciones obvias. Es una herramienta poderosa que nos permite redirigir nuestra atención hacia lo positivo en cualquier situación. Desde reconocer las pequeñas bendiciones cotidianas hasta aprender a reencuadrar los desafíos como oportunidades de crecimiento, hemos visto cómo la gratitud puede cambiar no solo nuestra perspectiva, sino nuestra realidad. Cada paso en el camino hacia la gratitud nos invita a alejarnos de una mentalidad de escasez y carencia, y nos orienta hacia una vida de abundancia y satisfacción.

La gratitud no solo tiene el poder de transformar el individuo, sino también de impactar a las personas que nos rodean. Como hemos visto en los ejemplos bíblicos y en los estudios contemporáneos de psicología positiva, la gratitud puede fortalecer nuestras relaciones, fomentar una mayor empatía y crear una comunidad más conectada. Cuando elegimos vivir con gratitud, invitamos a otros a hacer lo mismo, creando un ciclo positivo que se extiende mucho más allá de nosotros mismos.

Vivir la gratitud en el día a día

A medida que cierras este libro, la verdadera transformación comienza. La gratitud, cuando se practica de manera constante, deja de ser una reacción esporádica y se convierte en un estado mental continuo. No se trata de esperar que todo sea perfecto para dar gracias, sino de encontrar en cada situación, incluso en las más difíciles, una razón para agradecer. Es una práctica que, al igual que cualquier otra habilidad, requiere intención y esfuerzo, pero los resultados son profundamente satisfactorios.

Algunas de las herramientas que hemos discutido a lo largo de este libro pueden convertirse en hábitos diarios: mantener un diario de gratitud, expresar agradecimiento a las personas en tu vida de manera tangible, y reflexionar sobre las bendiciones, tanto grandes como pequeñas, que ya tienes. Estos actos, aunque parezcan simples, tienen el poder de transformar tu visión de la

La gratitud es una elección diaria que transforma nuestra perspectiva y nos conecta con lo esencial, guiándonos hacia una vida de abundancia, propósito y plenitud.

vida, invitándote a enfocarte en lo que realmente importa.

El futuro con una actitud de gratitud

La gratitud también nos proyecta hacia el futuro con optimismo y confianza. No sabemos qué nos depara el mañana, pero al vivir con una mentalidad de agradecimiento, nos preparamos para enfrentar cualquier circunstancia con fortaleza interior. La gratitud nos ayuda a ver más allá de las dificultades, a reconocer la oportunidad que hay en cada desafío y a confiar en que, pase lo que pase, tenemos razones para estar agradecidos.

En última instancia, la gratitud nos invita a soltar el control, a dejar de preocuparnos por lo que no tenemos o por lo que no hemos logrado, y a vivir en el presente, conscientes de las bendiciones que ya nos rodean. Al desarrollar una actitud de gratitud, no solo transformamos nuestra vida interna, sino que nos conectamos más profundamente con los demás y con Dios, quien es la fuente última de toda gratitud.

Cerrando el ciclo

Este capítulo no marca el final de tu viaje hacia la gratitud, sino un nuevo comienzo. Ahora tienes las herramientas necesarias para hacer de la gratitud una parte integral de tu vida, transformando la forma en que enfrentas tus días, tus relaciones y tus desafíos. A medida que avances en este camino, recuerda que la gratitud es una decisión diaria, un compromiso contigo mismo y con los demás.

Cuando te enfrentes a dificultades, cuando las cosas no salgan como esperabas, cuando los vientos de la vida se tornen en contra, elige la gratitud. Porque en la gratitud, encuentras no solo paz, sino una profunda fortaleza interior que te permitirá navegar las tormentas de la vida con una nueva perspectiva.

La gratitud es, en última instancia, una llave que abre las puertas de una vida plena, rica en significado y propósito. A través de ella, no solo serás testigo de tu propia transformación, sino también del impacto positivo que esta actitud puede tener en el mundo que te rodea. Vivir con gratitud es vivir con plenitud.

¡Gratitud!

¡Gratitud!

Made in the USA
Middletown, DE
07 December 2024

65257554R00076